应用型本科院校"十二五"规划教材/外语类

日本語の読解

最新日语泛读教程

第一册

主　编　康歆媛　李淑芝
副主编　金春丽　孙　欣　洪　梅
参　编　朱星荣　王雪松　徐　蓉

哈尔滨工业大学出版社
HARBIN INSTITUTE OF TECHNOLOGY PRESS

内容简介

随着近年来应用型本科院校蓬勃发展,缺乏与之配套的教学用书和辅导教材的问题日益凸显。笔者从应用型本科院校学生的切身实际出发,本着实事求是和因材施教的原则,以填补此类教材的空白为动力,以提高日语学生的阅读能力和应试水平为目标,编写了本套同时具有时效性、实用性和趣味性的,适合于应用型本科院校日语专业学生的阅读教材。全套教材选用各类小说、随笔、说明文及报刊文章等不同题材和体裁的最新短文共一百多篇。其中的报刊文章选自《每日新闻》《朝日新闻》和《人民日报(海外版)》等权威机构近两年对最新的国内外重大事件的报道。方便应用型本科院校的学生和相应层次的人员自主学习,提高日语阅读能力,增加日语的词汇量,扩大对日本文化的视野,更多地了解日本社会及其风土人情。

图书在版编目(CIP)数据

最新日语泛读教程. 第一册/康歆媛,李淑芝主编. —哈尔滨:哈尔滨工业大学出版社,2012.7(2015.8 重印)
应用型本科院校"十二五"规划教材
ISBN 978-7-5603-3673-2

Ⅰ.①最… Ⅱ.①康… ②李… Ⅲ.①日语-阅读教学-高等学校-教材 Ⅳ.①H369.4

中国版本图书馆 CIP 数据核字(2012)第 163166 号

策划编辑　杜　燕　赵文斌　李　岩
责任编辑　苗金英
出版发行　哈尔滨工业大学出版社
社　　址　哈尔滨市南岗区复华四道街 10 号　邮编 150006
传　　真　0451-86414749
网　　址　http://hitpress.hit.edu.cn
印　　刷　肇东市一兴印刷有限公司
开　　本　787mm×960mm　1/16　印张 12.5　字数 270 千字
版　　次　2012 年 7 月第 1 版　2015 年 8 月第 2 次印刷
书　　号　ISBN 978-7-5603-3673-2
定　　价　24.80 元

(如因印装质量问题影响阅读,我社负责调换)

《应用型本科院校"十二五"规划教材》编委会

主　任　修朋月　竺培国

副主任　王玉文　吕其诚　线恒录　李敬来

委　员（按姓氏笔画排序）

丁福庆　于长福　马志民　王庄严　王建华

王德章　刘金祺　刘宝华　刘通学　刘福荣

关晓冬　李云波　杨玉顺　吴知丰　张幸刚

陈江波　林　艳　林文华　周方圆　姜思政

庹　莉　韩毓洁　臧玉英

序

哈尔滨工业大学出版社策划的《应用型本科院校"十二五"规划教材》即将付梓,诚可贺也。

该系列教材卷帙浩繁,凡百余种,涉及众多学科门类,定位准确,内容新颖,体系完整,实用性强,突出实践能力培养。不仅便于教师教学和学生学习,而且满足就业市场对应用型人才的迫切需求。

应用型本科院校的人才培养目标是面对现代社会生产、建设、管理、服务等一线岗位,培养能直接从事实际工作、解决具体问题、维持工作有效运行的高等应用型人才。应用型本科与研究型本科和高职高专院校在人才培养上有着明显的区别,其培养的人才特征是:①就业导向与社会需求高度吻合;②扎实的理论基础和过硬的实践能力紧密结合;③具备良好的人文素质和科学技术素质;④富于面对职业应用的创新精神。因此,应用型本科院校只有着力培养"进入角色快、业务水平高、动手能力强、综合素质好"的人才,才能在激烈的就业市场竞争中站稳脚跟。

目前国内应用型本科院校所采用的教材往往只是对理论性较强的本科院校教材的简单删减,针对性、应用性不够突出,因材施教的目的难以达到。因此亟须既有一定的理论深度又注重实践能力培养的系列教材,以满足应用型本科院校教学目标、培养方向和办学特色的需要。

哈尔滨工业大学出版社出版的《应用型本科院校"十二五"规划教材》,在选题设计思路上认真贯彻教育部关于培养适应地方、区域经济和社会发展需要的"本科应用型高级专门人才"精神,根据黑龙江省委书记吉炳轩同志提出的关于加强应用型本科院校建设的意见,在应用型本科试点院校成功经验总结的基础上,特邀请黑龙江省9所知名的应用型本科院校的专家、学者联合编写。

本系列教材突出与办学定位、教学目标的一致性和适应性,既严格遵照学科

体系的知识构成和教材编写的一般规律，又针对应用型本科人才培养目标及与之相适应的教学特点，精心设计写作体例，科学安排知识内容，围绕应用讲授理论，做到"基础知识够用、实践技能实用、专业理论管用"。同时注意适当融入新理论、新技术、新工艺、新成果，并且制作了与本书配套的PPT多媒体教学课件，形成立体化教材，供教师参考使用。

《应用型本科院校"十二五"规划教材》的编辑出版，是适应"科教兴国"战略对复合型、应用型人才的需求，是推动相对滞后的应用型本科院校教材建设的一种有益尝试，在应用型创新人才培养方面是一件具有开创意义的工作，为应用型人才的培养提供了及时、可靠、坚实的保证。

希望本系列教材在使用过程中，通过编者、作者和读者的共同努力，厚积薄发、推陈出新、细上加细、精益求精，不断丰富、不断完善、不断创新，力争成为同类教材中的精品。

黑龙江省教育厅厅长

前　言

　　近年来,应用型本科院校蓬勃发展。我们本着一切以学生为中心,以教学为中心,填补空白,实用、有趣的原则,围绕着有效地、迅速地提高日语学生的阅读能力和应试水平,针对应用型本科院校日语专业的学生编写了此套教材。

　　本套书是应用型本科高等院校中、高年级日语专业的学科基础必修课教材,也可供具有相应程度的日语学习者、涉外人员及日本问题研究者使用。

　　本套书分为第一册、第二册。第一册结合日语国际能力测试N3~N2的题型,适合日语专业二年级学生使用。设置了短文、单词、语法及附带读解文的课后练习,并在课后对日语国际能力测试N3~N2中常出现的形容词、动词以及惯用句等必考知识点进行了归纳,每课还增加了谚语等小知识。方便应考学生查阅。

　　第二册结合日语国际能力测试N2~N1的题型,适合日语专业三年级的学生使用。同样也设置了短文、单词、语法及带有阅读的课后练习,并在课后对日语国际能力测试N2~N1中常出现的形容词、动词以及惯用句等必考知识点进行了归纳,以方便应考学生查阅。

　　全套书选用各类小说、随笔、说明文及报刊文章等不同题材和体裁的最新短文共一百多篇,第一册对其中的单词、语法用汉语加以详尽的注释和说明;第二册对单词、惯用型和句型等用日语进行解释,体现了阶梯性的特点,方便应用型本科院校的学生和相应层次的人员自主学习,提高日语阅读的能力,增加日语的词汇量,扩大对日本文化的视野,了解日本社会及其风土人情,引导学生对课文脉络进行逻辑性的分析和归纳。

　　其中的报刊文章选自《每日新闻》《朝日新闻》和《人民日报(海外版)》等权威机构对近两年的最新国内外重大事件的报道。

　　本套教材主要有如下特点:

　　1. 针对性:适用于应用型本科院校日语专业的二、三年级学生。

　　2. 有效性:注解深入浅出,通俗易懂;练习题型由浅入深。可以引导学生在快速阅读的基

础上,有效地提高阅读能力和日本式的思维能力。

3. 可读性:选文题材新颖,时事性强,以便学生更多地掌握与时俱进的新词汇和知识点。

4. 实用性:文中要点紧密地与日语国际能力测试相结合,在让学生掌握理论知识的同时,有效地提高应试能力。

本书在编写过程中,得到了樊有卷副教授的大力支持。在撰写过程中借鉴和引用了国内外学者的研究成果或相关杂志、报纸的资料,在此一并表示感谢。

由于编者水平有限,时间仓促,不妥之处在所难免,热切期望专家学者不吝指教。

编者

2012 年 6 月

目　　录

第一課　　伝える力　……………………………………………………　池上彰　1

第二課　　念願かなって………………………………………………………　恩田陸　8

第三課　　曼陀羅（まんだら）人生論　……………………………………　広幸野　15

第四課　　空白の木曜日　……………………………………………………　星野博美　22

第五課　　約束に遅れたら……　……………………………………………　鈴木有香　28

第六課　　体を守る仕組み　…………………………………………………　中村桂子　34

第七課　　独学という道もある　……………………………………………　柳川範之　40

第八課　　主権者はきみだ　…………………………………………………　森英樹　46

第九課　　『若いやつは失礼』　……………………………………………　小林道雄　53

第十課　　気がきく人　気がきかない人　…………………………………　山形琢也　60

趣味の文章　………………………………………………………………………　68

第十一課　　女性も訓練中　…………………………………………………　69

第十二課　　アジアの奇跡　…………………………………………………　76

第十三課　　イラク各地で爆発　……………………………………………　貫洞欣寛　83

第十四課　　世界最先端の地殻変動観測網を構築　………………………　90

第十五課　　北京で清明節の墓参りの最初のピーク　……………………　97

第十六課	けしがらの添加など違法行為を厳しく取締りへ……………	103
第十七課	韓国艦沈没2年 ………………………………… 中野晃	110
第十八課	中国のイラン原油輸入は合理的・合法的……………………	116
第十九課	金正日 ………………………………… アサヒ・コム編集部	123
第二十課	台湾から大陸部への造血幹細胞………………………………	130
小説の鑑賞 ……………………………………………………………………		135
附録1	二、三级语法索引……………………………………………	136
附录2	二、三级常考动词索引………………………………………	145
附录3	二、三级常考形容词索引……………………………………	155
附录4	日语惯用句索引………………………………………………	160
附录5	第一册单词索引………………………………………………	180
附录6	第一册语法索引………………………………………………	185
附录7	阅读常用接续词(用于1~11课前)…………………………	186
参考文献 ……………………………………………………………………		190

【考えながら読もう】
1 「こうしたことに含まれないのは」、何ですか。
2 筆者は、「一番良くないプレゼンテーション」がどんなものだと思っていますか。
3 筆者は、プレゼンテーションのとき一番重要なことは何だと言っていますか。

第一課　伝える力

池上彰

　会議では、どのように発言するのが望ましいでしょうか。例えば、企画を提案する場面を考えてみてください。

　一番良くないのは、地震がなさそうな態度をとることです。声が小さく、オドオド、或いはモジモジしながら発表するようでは、たとえ中身が優れていても、聞いている人を動かされません。

　まず大切なのは自信を持つこと。そして、出席者の顔をしっかり見ることです。

　その場合は、まずはキーマン、例えば部長なら部長の顔を見て、それから次々視線を移していき、一人一人の顔を見つめつつ、語りかけるように話していきます。

　出席者の顔を見渡すのですから、当然、書面に目を落としてばかりいられません。むしろ書面を見るのは、内容を確認したり、話している内容が書面のどこに書いてあるか説明したりするときぐらいにとどめたいものです。

　こうしたことができるようになるためには、提案する企画愛用をしっかりと自分の物にしておく必要があります。会議の直前に急ごしらえでまとめあげるようでは、とても無理です。

　ということは、事前の準備が重要になります。

　つまり、企画をプレゼンテーションする行為は、企画の考える段階からすでに始まっているのです。会議だけでうまく発表しようと思っても、どだい無理なのです。

　自信を持って発表するには、企画自体をしっかり練って自分のものにしておくことが大前提。それができたら、臆することなく、一人一人の目をしっかり見て、自信を持って発

表することです。

語彙

1 **会議(かいぎ)** ①③
名词:何人かの関係者が寄り集まって、一定の題目について何らかの判断や決定を下すために話し合うこと。/会议

2 **発言(はつげん)** ⓪
名词:自分の意見・意志を公的な場で発表すること。/发言

3 **望ましい(のぞましい)** ④
形容词:それが実現することを積極的に期待する状態だ。/最好,最理想

4 **企画(きかく)** ⓪
名词:新しい事業・イベントなどを計画すること。/规划,计划

5 **提案(ていあん)** ⓪
名词サ変動词:会議にかけるために原案(議案)を出すこと。相手の意見を求めたり同意を誘ったりするために、ある案を出すこと。/建议

6 **場面(ばめん)** ①⓪
名词:何かが実際にそこで行われる(に存在する)状況を、その行動の主体や存在物をも含めて固定的にとらえて表わす語。狭義では、演劇・映画などの個個のシーンを指す。/场面,情景,场景

7 **モジモジ** ①
副词:(遠慮したり恥ずかしがったりして)言いたい(したい)事が有るのに、ぐずぐずしていることを表わす。/忸忸怩怩

8 **中身(なかみ)** ②
名词:容器の中に入れてあるもの。また、物事の内容、実質。/内容

9 **優れる(すぐれる)** ③
动词:才能・価値などが普通よりもずば抜けた状態である。/出色,优越,优秀

10 出席(しゅつせき)⓪
　名词サ変动词:学校の授業や会合などに出ること。/出席,参加

11 キーマン①
　名词:企業・組織体などの幹部。重要人物。/中心人物、重要人物

12 視線(しせん)⓪
　名词:その人の目と、目が見ようとしている対象とを結ぶ線分。/视线

13 書面(しょめん)⓪①
　名词:文書のおもて。手紙。文書。/信件,文件,书面

14 目を落とす(めをおとす)④
　动词:今まで前方を直視していた者が、視線を下に向ける。/低着头,不敢正视

15 急ごしらえ(きゅうごしらえ)③
　名词:急いでこしらえること。/急忙赶造

16 どだい①
　名词:本来。/本来

17 練る(ねる)①
　动词:ぶつぶつ切れたりほそぼそしたりしないように未完成な状態にある物を繰り返しかきまぜて、より均質な、使えるよい状態に仕上げる。また、その結果、粘りけの有る物にしたりしなやかな物にしたりする。/仔细推敲,锻炼

18 臆する(おくする)③
　サ変动词:気おくれする・おどおどする意の漢語的表現。/畏惧,畏缩

文法項目

1　～つつ/～つつも
A 接続:「動詞連用形ます形」+つつ
　意味:一边……一边……
　例文:
　〇財布の中身を考えつつ、買い物をした。

○人は皆、お互いに助け合いつつ生きている。
○喜ぶ母の顔を思いつつ、手紙を書いています。
B 接続：「動詞連用形ます形」+つつ/つつも
意味：けれども・～のに虽然,但是
例文：会話ではあまり使わない。「つつも」はAの意味では使わない。
○悪いと知りつつ、うそをついてしまった。
○今日こそ勉強しようと思いつつ、テレビを見てしまった。
○早くご連絡しようと思いつつも、忙しくて遅くなってしまいました。申し訳ありません。

2 ～たいものだ

接続：「動詞連用形ます形」+たいものだ
意味：想要,愿意
例文：
○歳はとっても、心の若さだけは保ち続けたいのもだ。
○もう一度、あの夢に燃えた時代に戻りたいものだ。
○仕事、仕事に追われる毎日から離れて、一ヶ月ほどのんびりしたいものだ。

3 ～う(よう)と思う

接続：「动词未然形2即动词意志形」+と思う
意味：向别人表示自己做某事的意志,陈述句用于第一人称表示讲话时的心理状态。疑问句用于第二人称；「う(よう)と思っている」用于第一和第三人称,表示一段时间的心理状态。
○あなたは大学に入ろうと思うか。
○父はいい家を買おうと思っていろいろ見て歩いた。
○将来、教師になろうと思っている。

練習問題

問題1 次の言葉の使い方として最もよいものを、1・2・3・4から一つ選びなさい。

問1 望ましい
  1 望ましくないことばかり起こる。
  2 こう望ましくてはやりきれない。
  3 家計が望ましい。
  4 近ごろの女性はなかなか望ましい。

問2 中身
  1 中身は全然ちがう。
  2 竿の中身にしるしをつける。
  3 儲かる話なら中身に入りたい。
  4 了どものころ、彼とは大の中身だった。

問題2 次の文の(　)に入るのに最もよいものを、1・2・3・4から一つ選びなさい。

問1 私たちはこの会社の中でお互いに助け合い(　)、暮らしているのだ。
　　1 つつ　　　2 つつも　　　3 次第　　　4 につけ

問2 娘は「すぐ行く」と言い(　)、なかなか出かけようとしない。
　　1 のに　　　2 つつも　　　3 くせに　　　4 ても

問3 期待ほどにはいかない(　)、なんとか目的を達成した。
　　1 ながらも　2 つつも　　　3 にもかかわらず　4 をとわず

問4 この破壊され(　)、地球はどうなるだろうか。
　　1 つつ　　　2 つつある　　3 伴う　　　4 つれる

問5 父の病状は徐々に回復し(　)あります。
　　1 ながら　　2 つつ　　　3 て　　　4 ずに

問題3 次の文の＿★＿に入る最もよいものを、1・2・3・4から一つ選びなさい。

問1 きのう熱があって、＿＿＿＿　★　＿＿＿＿。

　　　　　1　気分が　　2　優れ　　3　一日中　　4　なかった

問2　＿＿＿＿　＿＿＿＿　★　＿＿＿＿　ください。

　　　　　1　ご出席　　2　有無を　　3　の　　4　お知らせ

問3　歳はとっても、＿＿＿＿　＿＿＿＿　★　＿＿＿＿　ものだ。

　　　　　1　若さ　　2　心の　　3　だけは　　4　保ち続けたい

読解

1　ヘットフォンで音楽を聞きながら歩いている人を見ると、時々、大丈夫かな、と思わせられることがある。周りの人に聞こえるくらい大音量で聞いている人もいるが、これだと他の音が聞こえないので、例えば後ろから車が来てもわからない。それに、長時間、耳の近くで大きな音を聞き続けると、小さい音が聞こえにくくなるという調査結果もあるらしい。音楽を楽しむのはいいとしても、あまり大きな音で聞くのはどうだろうか。

　問　「あまり大きな音で聞くのはどうだろうか。」と言っているのはなぜか。
　　1　大きな音はほかの人の迷惑になるから。
　　2　危なくて、他の人を心配させるから。
　　3　危ないし、耳が悪くなるから。
　　4　小さい音が聞こえないから。

2　最近は、コンピューターが使えたり、外国語が話せたり、社会に出てすぐに役に立つ能力を身につけることが大事にされている。そのため、多くの高校でこれらの授業が行われている。一方で、古典や歴史などの科目は役に立たないから勉強する必要がないという人も増えているそうだ。しかし、コンピューターや外国語の学習以外に、他の科目も重要であることは変わらない。学校ではこれらをバランスよく学習させる工夫が必要だろう。

　問　この文章の内容と合っているものはどれか。
　　1　コンピューターや外国語の学習は、他の科目より役に立つ。
　　2　コンピューターや外国語の学習より、他の科目のほうが大事だ。
　　3　社会ですぐに役に立つ科目と同じように、他の科目の学習も大事だ。

  4　古典や歴史などの科目は、実際の社会では必要ない科目だ。

3　半分は冗談なのかもしれませんが、私が風邪を引いたり体の調子が悪かったりすると、皆さんは「えっ、薬屋(くすりや)の奥さんでも病気になるの？」とおっしゃいます。
　ええ、もちろん、薬屋だろうと、有名な医者様だろうと、風邪も引けば、病気にもなります。むしろ、普通のご家庭より、風邪のウィルスなどが持ち込まれやすい環境にいるわけですから、(　　　)。
　　問　(　　　)に入るものとして、最も良いものは、どれか。
　　1　皆さんと同じくらい病気になりやすいのです。
　　2　皆さんと同じくらい病気になりにくいのです。
　　3　皆さんよりずっと病気になりやすいのです。
　　4　皆さんよりずっと病気になりにくいのです。

【考えながら読もう】
1　筆者の念願は何ですか。
2　筆者は初めて家具店に入ったとき、なぜソファは買えなかったのですか。
3　筆者の念願は最後どのようにかないましたか。

第二課　念願かなって

恩田陸

　今年の春、引越しを機についにソファを買うことにした。東京中の家具屋を歩き回り、某有名輸入家具店で「これだ！」というものを見つけた。私は銀行に走り、自転車を買う子供のごとくお金を握って店に駆け込んだ。「あれ！ あれください！ 今すぐ買いますっ」店員は冷静な表情で言った。「その前に、あのソファがお宅の玄関を通るかどうか確認なさってください」えっ？ なんで？ たかが一人掛けのソファなのよ、あなた。玄関なんか通るに決まっているでしょうか。「配達してみて実は大きすぎて玄関を通らなかったというお客様がよくいらっしゃるんです。お住まいはマンションですか？ 階数は？」集合住宅で三階。そう答えると彼はササと表情を曇らせるのであった。「是非、サイズを計ってからにしてください。ご自宅で見たら売り場での印象の1.5倍はあると思ってくださいね。」
　私は現金を握ってすごすごと帰宅し、巻尺(まきじゃく)で玄関の幅を計り、その数字をみて愕然(がくぜん)とした。確かに大きい。縦にしても、横にしても入らないのである。電話でその旨(むね)を暗く告げると、件(くだん)の店員は「玄関を入ったところに余裕はありますか？」と尋ねる。作り付けの靴箱があり、その上のスペースが空いているというと、彼はソファの足を外して、横にしてくるりと回すようにすれば、入るかも知れない、と言うのであった。そこで、私は靴箱の幅、靴箱から天井までの長さなどあらゆるサイズを計ってFAXした。結果はOKであり、めでたくソファはわが家にやってきた。とても嬉しかった。

語彙

1 引っ越す(ひっこす) ③
   动词:住む家を変える。転居する。/搬家

2 ソファー ①
   名词:二人以上がゆったりと腰をかけて、室内でくつろぐための、クッションの付いた長椅子。/沙发　[外来语中末尾的长音可以省略]

3 家具屋(かぐや) ①
   名词:日常生活に必要な物として、部屋の一隅などに常時備えておく道具の売り場。/家具店

4 歩き回る(あるきまわる) ⑤④
   动词:その辺一帯を歩く。/逛街,闲逛

5 握る(にぎる) ③⓪
   动词:五本の指を内側に折り曲げて何かを手中に収めて放すまいとする。/握,攥

6 駆け込む(かけこむ) ④③
   动词:大急ぎで難儀を避けられそうな場所に走り入る。/跑进

7 玄関(げんかん) ①
   名词:建物の最も主要な入口。/正门,前门

8 配達(はいたつ) ⓪
   名词サ変动词:郵便物・商品などを、目的のそれぞれの家に配り届ける。/送货

9 計る(はかる) ②
   动词:そのものの量が単位量の何倍になっているかを、器具を用いて正確に見いだす。計測する。測定する。計量する。/谋求,商量,推测,计量

10 縦(たて) ①
    名词:鉛直上下の方向の長さ。/纵向

11 横(よこ) ⓪
    名词:水平の方向の長さ。/横向

12　告げる(つげる)③⓪
　　名词:公的なことを多くの人びとに知らせる。/告诉,通知
13　余裕(よゆう)⓪
　　名词:そのことに関しては必要が十分に満たされてなんの不安も感じないでいること。ゆとり。/富裕,充裕
14　尋ねる(たずねる)③
　　动词:分からないことを人に聞く。/询问
15　サイズ①
　　名词:洋服・帽子などの製品の寸法。/尺寸,大小

文法項目

1　～ことにする/～こととする/～ことにしている
　接続:用言連体形+ことにする
　意味:个人的意志作出的决定
　例文:
　○卒業したら帰国することにしていたが、もう一、二年ほど日本に残ることにした。
　○この議論は、このまま続けてもらちがあかない。一旦、棚上げすることにしないか。
　○君には失望した。今後一切君には頼らないことにする。
　○結婚以来、給料はそっくり妻に渡すことにしている。
　○私は大切な用件は電話でなく、必ず会って直接伝えることにしている。

2　～に決まっている/～に違いない/～に相違ない
　接続:名词+に決まっている
　　　动词和形容词基本型+に決まっている
　意味:一定,必定,肯定,必然,表示根据自己的直觉或判断,做出后项确信度很高的推断
　例文:
　○彼は失業中だし、旅行する余裕なんてないに決まっている。

○あいつの言うことなんか、信じられるものか。ほらに決まってる。
○彼は今のところ猫をかぶっているが、そのうち化けの皮がはがれて、正体を現すに決まっている。
○虫の知らせと言うか、胸騒ぎがする。娘の身に何かよくないことがあったに違いない。
○彼の才能をもってすれば、将来成功するに相違ない。

3 ～にすれば/～にしたら/～にしてみれば

接続：表人或组织的名词+にすれば
意味：表示从站在谁的立场,或从谁的视点来看
例文：
○彼にしたら、あのように言うしかなかったのだろう。
○教師から頭ごなしに叱られたが、僕にすれば言い分もあった。
○両親にしてみりゃ、自分の娘が「援助交際」をしていたなんて、寝耳に水だったろうさ。
○車椅子の人にしてみれば、駅の階段や歩道橋は、そびえ立つ山のようなものだろう。
○A国にしてみれば、米国の人権政策は内政干渉として目に映ることだろう。

練習問題

問題1 次の言葉の使い方として最もよいものを、1・2・3・4から一つ選びなさい。

問1　告げる
　　1　だれにも告げずに出発した。
　　2　日進月歩の発展を告げる。
　　3　相手を床に告げる。
　　4　なにか告げる臭いがする。

問2　余裕
　　1　忙しくて時間の余裕がない。

2　きょうはきのうより余裕寒い。
3　戦勝の余裕に乗じる。
4　鐘の余裕が残る。

問題2　次の文の(　)に入れるのに最もよいものを、1・2・3・4から一つ選びなさい。

問1　今度のプロ野球はあのチームが優勝する(　)。
　　1　にかぎっている　　　　2　になっている
　　3　に決まっている　　　　4　に違っている

問2　今度の選挙では、経験のある木村さんが当選するに(　)。
　　1　すぎる　　2　すぎない　　3　違わない　　4　違いない

問3　スーパーの品物を盗んだのはあの男(　)。
　　1　決まっている　　　　2　に相違ない
　　3　もかまわない　　　　4　に相違しない

問4　山田さんの数学のテストは60点だったら、数学の苦手な彼(　)よく頑張ってほうだと思う。
　　1　にしたら　　　　　　2　しようと
　　3　からすれば　　　　　4　するなら

問5　明日、私は富士山へ遠足に行くこと(　)。
　　1　にする　　　　　　2　にしている
　　3　になる　　　　　　4　になっている

問題3　次の文の　★　に入る最もよいものを、1・2・3・4から一つ選びなさい。

問1　子どもが犬に＿＿＿＿　＿★＿　＿＿＿＿　。
　　1　追いかけられて　　　2　駆け込んだ
　　3　に　　　　　　　　　4　家

問2　＿＿＿＿　＿＿＿＿　＿★＿　＿＿＿＿上で払う。
　　1　代金　　2　品物配達　　3　は　　　　4　の

問3　人込みの＿＿＿　＿＿＿　★＿＿＿　＿＿＿進む。
　　　1　体を　　　2　中を　　　3　横に　　　4　して

読解

1　部屋を片付けるのが苦手な人は、物を持ちすぎていることが多い。片付けるポイントは、物に指定席を作ること。使ったらすぐ指定席に戻すようにすれば、あちこちに散らかることもなくなる。また、指定席のスペースを作るには、要らない物を捨てることも必要だ。自分の部屋に入る分だけを、見やすく、出しやすくしまうこと。こうすれば、足りないものもすぐわかるし、同じようなものを買ったりするむだな買い物も防げるだろう。

　　問　部屋を片付けるためには、どうすればいいと言っているか。
　　　1　いらないものを持たないで、物を置く場所を決める。
　　　2　同じ物を買ったりする、むだな買い物をしない。
　　　3　スペースを作るために、できるだけものを捨てる。
　　　4　無駄な物を捨てて、いつもきれいに掃除をする。

2　生き物には不思議な力がある。例えば、植物は生きる力がとても強い。切り取った茎（くき）を土にさしておくだけであっという間に元の大きさに成長することもあるほどだ。動物にも似たことが起こる。トカゲのしっぽやカニのはさみは、なくなると新しく生えてくる。しかし、人間の指はなくなると、二度と元には戻らない。ただ、髪の毛や手の爪は切ってもまた伸びる。このように、生き物には切り取られた体の一部を、元に戻す力があるのだ。

　　問　生き物の不思議な力とは、どんなことだと言っているのか。
　　　1　植物がとても早く成長出来ること
　　　2　動物にも植物と同じ力があること
　　　3　なくなった体の一部が元に戻ること
　　　4　人間にない力を植物が持っていること

3 携帯電話は写真を取ることはもちろん、ゲームをしたり、音楽を聞いたり、インターネットに接続したりできるなど、パソコンに近い機能を持つようになった。これからますます便利になるだろう。しかし、便利なら良いというわけではない。携帯電話を使う時間が増えているために他のことに使える時間が減っているのは確かだ。携帯電話の使い方をもう一度考えてみたほうがいいのではないか。

問　携帯電話について、この文章を書いた人はどう考えているか。
　　1　携帯電話の機能が多くなったのは良くない。
　　2　携帯電話はパソコンより便利だ。
　　3　携帯電話が便利になるのはいいことだ。
　　4　携帯電話の使い方を考え直したほうがいい。

【考えながら読もう】
1 「笑い飛ばしてしまえないものを感ずる」とは、どういうことですか。
2 筆者は「頑固さ」についてどう思っていますか。
3 筆者は現実についてどう言っていますか。

第三課　曼陀羅(まんだら)人生論

広幸野

　昔、気象庁にこんな予報官がいたそうだ。彼は当番の日に、「翌日は快晴」の予報を出して寝た。ところが、朝起きてみると、どしゃ降りの雨である。彼は雨を見ながら、「天気図によれば絶対に雨は降らない。降っているこの雨のほうが間違っている！」と言ったという。まさに笑い話である。

　しかし、私は、この話が好きだ。笑い飛ばしてしまえないものを感ずる。

　天気図を一生懸命調べた結果、雨は降らないと確信した。ところが、実際には雨が降っている。だとすれば、予報が間違ったのであるが、それを「雨が間違っている」というところがいい。そういう頑固さもあっていいのだと思う。

　いや、気象学においては、そういう頑固さはお笑い種かもしれない。しかし、仏教に関してあれば、むしろわれわれは頑固であるべきだと思う。

　たとえば、仏教の教えは、「競争をやめよ！」である。競争、競争と、血眼になって競争意識ばかり燃やしていると、私たちに心の余裕がなくなり、エゴイストになってしまう。競争をやめて、仲良く生きるのが、人間としてほんとうの生き方である。だが、そのようなことを言えば、必ずと言ってよいほど反論がある。あなたはそんな気楽なことを言うが、現実は厳しいのだ。その現実をどうする……といった反論である。

　そんな時、「その現実が間違っているのです」と、わたしは言いたい。何も現実に妥協するばかりが能じゃないと私は思うが、おかしいであろうか……

語彙

1 **気象庁(きしょうちょう)**②
  名詞:気象関係の業務を総括する中央官庁。もと、中央気象台。/气象局

2 **翌日(よくじつ)**⓪
  名詞:その次の日。あくるひ。/第二天

3 **快晴(かいせい)**⓪
  名詞:空が すばらしく晴れ渡ること。好晴。/晴朗,万里无云

4 **予報(よほう)**⓪
  名詞:観測データなどに基づいて、天気などを事前に推測すること。/预报

5 **土砂降り(どしゃふり)**①
  名詞:大粒の雨が勢い激しく降ること。また、その雨。/倾盆大雨

6 **笑い飛ばす(わらいとばす)**⑤
  動詞:まともに応じようとしないで、高笑いで済ませる。/一笑了之

7 **感ずる(かんずる)**③
  動詞:刺激を受けとる。感覚を起す。心に思う。ある気持をいだく。心が動く。感動する。/感觉,感到,感想

8 **頑固(がんこ)**①
  形容動詞:周囲の反対にかかわらず、どこまでも自分の主張を貫き通す様子。/頑固,久治不愈

9 **仏教(ぶっきょう)**①
  名詞:釈尊が紀元前五世紀ごろインドで始めた宗教。悟りを開き、また、救いにより成仏(ジョウブツ)して宗教的自覚者となることを目的とする。/佛教

10 **血眼(ちまなこ)**⓪
  名詞:のぼせて、充血した目。ちめ。/充血的眼睛

11 **燃やす(もやす)**③⓪
  動詞:燃えるようにする。感情を高まらせ、積極的な行動に出ようとする意にも用いられる。/燃起,激起

12　気楽(きらく)⓪
　　形容动词:まわりの事情や相手の存在に気を使わないで済ませられる様子。/舒畅,无顾虑

13　厳しい(きびしい)③
　　形容词:それを克服するのに大変な努力が要る様子だ。失敗やいいかげんな対処を許さず、あいまい・安易・ごまかしを許さず、一途(イチズ)な研鑽(ケンサン)を追求する様子だ。相手に求める所が大きい様子だ。/严格,严峻,严酷

14　反論(はんろん)⓪
　　名词サ变动词:反対されたことに対して言い返すこと。/反驳

15　妥協(だきょう)⓪
　　名词サ变动词:両方の意見が対立している場合、互いに折れ合って穏やかに話をまとめること。/妥协

文法項目

1　～という
　　接続:名词或用言终止形+という
　　意味:叫做,除此之外还可以用于引用,说明后续的内容
　　例文:
　　○今日という日は、もう堪忍(かんにん)袋(ぶくろ)の緒(お)が切れた。
　　○あの田中という奴は、煮ても焼いても食えぬ奴だ。
　　○まだ夢を見ているのに、「起きろ、起きろ」という母の声で目が醒めました。
　　○今日は何もしないという気持ちです。
　　○李さんは、近いうちに出張で上海に行くというお父さんの手紙を受け取ってとても喜んでいます。

2　～ていい/～てもいい
　　接続:动词、形容词连用形て形+ていい

名词、形容动词词干+でいい

意味：允许，有其他可能性存在，一种让步，为了对方的利益讲话人主动提出做某事

例文：

○今すぐ始めてもいいです。

○明日でもいいですか。

○先生に聞いてもよかったのですが、聞きませんでした。

○値段が高くてもいいから、質のいいものを買ってください。

○僕がこの仕事を引き受けてもいいですよ。

3 ～といった

接続：名词、数词、疑问代词+といった+名词

意味：等，之类的

例文：

○彼女には、絵画や音楽といった芸術面の才能がある。

○別にこれといった用事はなかったんだけど、ちょっと君の顔が見たくなって、寄ってみたんだ。

○私は葡萄とか桃とかパイナップルといったようなすっぱい果物がすきです。

練習問題

問題1 次の言葉の使い方として最もよいものを、1・2・3・4から一つ選びなさい。

問1 翌日

　1 翌日用マットを使う。

　2 大雨の翌日は川の流れが速い。

　3 翌日を起こす。

　4 勘定を翌日に繰り越す。

問2 快晴

　1 快晴に恵まれて海山への人出が多い。

2　快晴な生活。
3　快晴をはたらく。
4　快晴の情がいちじるしい。

問題2　次の文の（　）に入れるのに最もよいものを、1・2・3・4から一つ選びなさい。

問1　あの田中（　）奴は、煮ても焼いても食えぬ奴だ。
　　1　という　　2　として　　3　とて　　4　といって

問2　今日は何もしない（　）気持ちです。
　　1　といった　　2　としても　　3　とし　　4　という

問3　値段が高くても（　）から、質のいいものを買ってください。
　　1　よい　　2　いい　　3　言い　　4　わるい

問4　この動物園には虎などの猛獣がいません、キリンや猿（　）ものばかりです。
　　1　といった　　2　でも　　3　なんか　　4　なんて

問5　水泳やテニス（　）スポーツは大学生にはとても人気があります。
　　1　という　　2　というもの　　3　といった　　4　として

問題3　次の文の　★　に入る最もよいものを、1・2・3・4から一つ選びなさい。

問1　王先生＿＿＿　＿＿＿　＿＿＿　＿＿＿はずでしょう。
　　1　に　　2　ない　　3　反論の　　4　余地が

問2　＿＿＿　＿＿＿　★　＿＿＿がある。
　　1　ほど　　2　遠からぬ　　3　所に　　4　湖

問3　この試合＿＿＿　＿＿＿　★　＿＿＿。
　　1　は　　2　みせる　　3　勝って　　4　絶対に

読解

1　私は散歩が好きだ。歩くのは気分転換になるし、歩きながら考えをまとめることもで

きる。その上、運動(うんどう)不足(ぶそく)の解消にもなる。いつでもどこでも自分のペースでできるのも魅力(みりょく)的だ。何よりも、道端(みちばた)に咲く花を眺めたり、風にふかれたりして、季節の変化がわかるのがいい。みなさんもお気に入りの散歩コースを見つけて、楽しんでみてはどうだろうか。

　問　散歩について、この文章を書いた人はどう考えているか。
　　1　運動不足を解消できるのが一番いい。
　　2　自分のペースでできるのが一番いい。
　　3　季節の変化を感じられるのが一番いい。
　　4　気に入った散歩コースを歩くのが一番いい。

2　多くの日本人が好きなカレーはインドで生まれた料理である。それがヨーロッパに伝わって、そこから日本に入ってきた。本場のカレーは香辛料(こうしんりょう)を多く使っていて、日本のものとはかなり違うそうだ。遠い国から伝わってきた料理が日本で変化して、家庭料理となり、日本人の食生活になくてはならないものになった。身近な材料で手軽(てがる)に作ることができ、ご飯に合うことが理由の一つだろう。

　問　この文章では、カレーについて、どう言っているか。
　　1　カレーは日本の家庭でよく作られる料理になった。
　　2　インドのカレーは日本にもよくある材料を使って作る。
　　3　ヨーロッパのカレーは香辛料をたくさん使っている。
　　4　日本人はインドのカレーが大好きだ。

3　私は就職して会社の独身寮(どくしんりょう)に住んでいる。食堂や風呂はみんなで使うので、使い方や時間などにいろいろな細かい決まりがある。また、夜遅くテレビを見たり、音楽を聴いたりするときは音の大きさにも気をつけなければならない。これまで家族と暮らしたことしかなかったので、不便だと思わないこともないが、集団生活でみんなが快適(かいてき)に暮らすためには決まりは必要だろう。

　問　決まりについて、この文章を書いた人はどう考えているか。

20

1　いろいろな決まりがあるのはとても不便だ。
2　いろいろな細かい決まりは必要ない。
3　決まりは全て守らなければならない。
4　集団生活には決まりがあったほうがいい。

第三課　曼陀羅(まんだら)人生論

【考えながら読もう】
1 「真っ黒」な手帳はどんな手帳ですか。
2 「満足そうに微笑んだ」とあるが、なにが満足だったのですか。
3 「私」の手帳はどんな手帳だと言っていますか。

第四課　空白の木曜日

星野博美

　予定がないと不安になる人がいる。先日、喫茶店で見かけた女性がそうだった。
　彼女はパックの中から赤い手帳を取り出して、しばらく眺めていた。そして、突然電話をかけ始め、次々と飲み会や食事やデートの約束をして、手帳に予定を書き込んでいった。しかし、どうしても予定の埋まらない一日があるようだった。
　空白の木曜日。それが彼女には我慢できなかったらしい。最後には、いつも行っている美容院に電話をかけ、この間かけたパーマが気に入らないのでもう一度かけ直してほしい。来週の木曜日しか空いていないから、木曜日に予約を入れてほしいと主張し、とうとう木曜日の予定を手に入れた。彼女は、真っ黒に埋められたページを見つめて、満足そうに微笑んだ。
　一方、私の手帳は真っ白だ。正確にいうと、昨日までの過去にはいろいろ書かれているが、今日から先はまるで白紙。未来には何も書かれていない。彼女のように私も手帳を開いた。しかし、見つめても、見つめても、予定は何も思い浮かばなかった。

語彙

1　不安(ふあん)⓪
　　形容动词：最悪の事態に対する恐れに支配されて、落ち着かない様子。/不安, 不放心
2　見かける(みかける)④⓪
　　动词：それを見た記憶(経験)を持つ。/开始看, 看到, 乍一看

3　手帳（てちょう）⓪
名詞:生活上必要な知識や条項を載せた便利な冊子の意にも用いられる。/笔记本,杂记本

4　眺める（ながめる）③
动词:特定の対象に限定すること無く視野に入る物全体の様子を見る。ぼんやりと庭を眺めて人の来るのを待った。/眺望,凝视

5　突然（とつぜん）⓪
副词:何の前触れ・予告も無しにある事態が出現することを表わす。/突然

6　約束（やくそく）⓪
名詞サ変动词:近い将来、必ずそうするということを相手方に伝え、了解を得る相互に取り決めること。/约定,规定,指望,命中注定

7　空白（くうはく）⓪
名詞:本やノートなどの、書いてあることが期待される所に何も書かれていないこと。広義では、行われるはずの事が何も行われていないことをも指す。/空白,空虚

8　我慢（がまん）①
名詞サ変动词:少しくらい自説に無理が有ると分かっていても、意地で主張を通す様子。精神的・肉体的に苦しい事が有っても、意地で凌（シノ）ぎ通し、弱音など吐かないこと。/忍耐,饶恕,将就

9　空く（あく）②⓪
动词:いた物が動かされて、空気や人間の出入りが自由に出来る。いた物や原因が取り除かれて、自由に使えるようになる。/开,开始,腾出

10　真っ黒（まっくろ）③
形容动词:黒以外の何物でもない様子。/漆黑,黑漆漆

11　埋める（うめる）③⓪
动词:その物の存在が全く分からなくなるように、何かですっかりおおう。/填,埋,弥补,对水

12　微笑む(ほほえむ)③

　　动词:にっこり笑う。/微笑,(花)初放

13　浮かぶ(うかぶ)③⓪

　　动词:一面の広がりを持つ地(ジ)を背景として、何か はっきりした形を取ったものが見える。/飘,想起,浮现

文法項目

1　どうしても~ない

　　接続:どうしても~动词未然形+ない

　　意味:无论如何也不能,怎么也不能,当后续肯定或者双否时译为无论如何也要……,一定要……

　　例文:

　　○この問題はどうしてもわからない。

　　○あの人はどうしても60歳には見えない。

　　○この戸はどうしても締まらない。

　　○彼女はどうしてもチップを受け取らない。

　　○どうしてもやりとげる。

　　○きょうはどうしてもわたしのうちへ来てください。

　　○きょうの試合にはどうしても勝たねばならない。

2　~らしい/~(っ)たらしい/~がましい

　　接続:名詞+らしい/形容詞、形容動詞詞幹+(っ)たらしい/動詞連用形ます形或サ変動詞詞幹+がましい

　　意味:らしい除了作为推量助动词外还可以表示像……样子,有……风度的;带……的样子;……般的

　　例文:

　　○彼は男らしくて、実に竹を割ったような性格です。

○馬鹿らしい！そんな話を誰が信じるというのか！
○その少年は子供らしくて、素直な十二歳の子でした。
○もうそれ以上言い訳がましい話しはするなよ、惨めったらしくて聞いていられない。
○もう彼の話はしないでくれ。名前を聞くだけでも憎ったらしい。

3　～てほしい

接続：動詞連用形+てほしい

意味：表示讲话人希望第二，第三人称做该动词所表示的动作。与「てもらいたい」同义

例文：

○あした、できればもうすこし早く来てほしいです。
○日本文化に対する中国文化の影響をみなさんに知ってほしいのです。
○あなたに教えてほしいのはこのところです。
○かげで人の悪口を言わないでほしいです。
○あなたには自分のことばかり考えるような人間になってほしくありません。

練習問題

問題1　次の言葉の使い方として最もよいものを、1・2・3・4から一つ選びなさい。

問1　不安
1　あの人のことばがわたしの不安を取り除いてくれた。
2　生活が不安だ。
3　着任して間もないのですべてに不安だ。
4　試験に合格するまでは，不安できない。

問2　眺める
1　すそたけを眺める。
2　恋人の写真を眺める。
3　望遠鏡で眺める。
4　めがねを掛けて眺める。

問題2 次の文の( )に入れるのに最もよいものを、1・2・3・4から一つ選びなさい。
問1 あの人は( )60歳には見えない。
　　1 どうしても　　2 どうして　　3 どう　　4 どうか
問2 きょうの試合にはどうして( )勝たねばならない。
　　1 ならば　　2 どうしても　　3 ちょっと　　4 せめて
問3 もうそれ以上言い訳( )話しはするなよ、惨めったらしくて聞いていられない。
　　1 ったらしい　　2 らしい　　3 がましい　　4 らしく
問4 その少年は子供( )、素直な十二歳の子でした。
　　1 らしくて　　2 らしい　　3 らしく　　4 らしき
問5 日本文化に対する中国文化の影響をみなさんに知っ( )のです。
　　1 てほしい　　2 てもらう　　3 ていただく　　4 てたい

問題3 次の文の＿★＿に入る最もよいものを、1・2・3・4から一つ選びなさい。
問1 山＿＿＿＿＿★＿＿＿＿＿。
　　1 を　　2 崩し　　3 海を　　4 埋める
問2 運命の＿＿＿＿＿＿＿＿＿★＿＿＿＿。
　　1 女神　　2 は　　3 ほほえんだ　　4 彼女に
問3 霧の中に＿＿＿＿＿＿★＿＿＿＿。
　　1 見えた　　2 浮かんで　　3 姿が　　4 船の

読解

1　家族で2泊3日の旅行を計画しています。祖母は何度も温泉に入ったり自然の中を散歩したりしたいそうです。母は静かなところならどこでもいいそうです。体の疲れを取るためにひとつの場所でゆっくり過ごしたいそうです。家事から解放(かいほう)されるのが旅行の一番いい点だと言っています。私と弟は体を動かすことが好きですからスポーツ施設(しせつ)があるところを希望しています。父は日頃(ひごろ)家族を放(ほう)りっぱなしにしているおわびもかねてサービスすると言っています。東京から車で3時間ぐらいの

山の近くでみんなが満足するホテルを探したいです。
　問　旅行の条件にあわないのはどれか。
　　1　温泉がある。　　　　　　2　キャンプ場がとなりにある。
　　3　2泊同じホテルにする。　　4　テニスコートがある。

2　何か新しい物を作り出すとき、発想の転換(てんかん)は大切である。最近、書いた文字をこすって消せるボールペンが人気だ。
　これまでは、インクは色が変わらないのがいいとされ、そのための研究が盛んであった。しかし、消せるボールペンの開発チームは、色の変わるインクが作れないかと努力(どりょく)を続け、ついに色の消えるボールペンを世の中に送り出すことになったのである。
　問　文章の内容と合っているのはどれか。
　　1　従来、インクの色が変わるのは好ましくないことと思われてきた。
　　2　インクの色の変わるボールペンは、まだ販売されていない。
　　3　インクの色の変わるボールペンを開発するための研究は、以前から盛んであった。
　　4　新しいものの開発にはお金がかかる。

3　ある病院で、窓口などで患者を呼ぶときに「様」をつけて呼ぶように変更(へんこう)した。これは患者へのサービス向上の一つ試みだった。
　ところが、この呼び方に対して「よそと違うので違和感(いわかん)がある」「バカにされている感じ」という苦情(くじょう)が殺到(さっとう)した。その結果、以前どおりの「さん」付けに変えられたそうだ。丁寧な呼び方ならいい、というものでもないらしい。
　問　文章の内容と合っているのはどれか。
　　1　患者の名前に「様」をつけて呼ぶと、病院のサービスがよくなる。
　　2　患者の呼び方は「さん」をつけるのが一般的である。
　　3　患者の呼び方は「様」をつけるより「さん」をつけたほうが丁寧である。
　　4　患者の呼び方は、丁寧なほど患者にとっていい。

答え　12　12311　242　212

【考えながら読もう】
1　目くじらを立てるとは、どのような意味ですか。
2　心が狭い人とは、どのような人ですか。
3　筆者は約束に遅れたときは、どうすればいいと考えていますか。

第五課　約束に遅れたら……

鈴木有香

　親しい友人とショッピングをするために、駅で待ち合わせしました。あなたは10分遅れました。さて、どうしますか。

　　走って、友達のところへ行って謝る。

　　走らず、友達のところへ行き、いつもどおり挨拶する。特に謝らない。

　時間は数字ですから、客観的と思われますが、時間に対する感覚は、各文化によって違います。日本人の多くの人は、「走って友達のところへ行って謝る」を選ぶでしょう。(中略)また、遅れる理由があっても、まずは謝り、その後、理由を説明するという順番になります。

　一方、10分という時間はそんなに長い時間でもないし、それは誤差のうちと考える人たちいます。親しい友人同士で、10分や20分で、目くじらを立てるのは心が狭いと考えます。

　また走らないのは周囲の人から見て自分が走ることは格好よくないと考えます。自分が格好よくないことをすれば、待っている友人にも恥ずかしい思いをさせるだろうと考えて走らないという考え方もあります。

　時間をどのように感じ、どのように行動するかも、文化によって異なり、ある文化で「良い」ことがほかの文化では「良くない」ことになることも少なくありません。

　さて、友達の家で午後7時からパーティーがあるとき、あなたは何時に行きますか？文化によって、こたえが様々です。10分に行く人から午後10時に行く人まで答えも様々ですが、その理由も様々なのが文化の面白いところです。「外国に行ったときは、その国ではどのような時間感覚では人々が行動しているか？」を確認するといいでしょう。

語彙

1 親しい(したしい)③

形容詞:お互いに気心が分かっていて、遠慮無くつきあえる状態だ。そのものによく接しており、珍しくはない状態だ。/近,亲近,不稀奇

2 ショピング②

名詞:買い物。/购物

3 謝る(あやまる)③

动词:自分が悪かったということを表明し、相手に許しを求める。/谢罪,认输,敬谢不敏

4 客観的(きゃっかんてき)⓪

形容動詞:見方が公正であったり 考え方が論理的であったり して、多くの人に理解・納得される様子。/客观的

5 順番(じゅんばん)⓪

名詞:何かをする人(動作の対象となるもの)が順を追って次つぎに入れかわること。/順序,次序,轮流

6 誤差(ごさ)①

名詞:実際に測定(近似的に計算)した数値から真の(理論的に期待される)数値を引いた差の値。/误差,差错

7 同士(どうし)①

接尾詞:名詞に付き、接尾語として相互にその種類・関係にある意を表す。/同伴,伙伴

8 目くじらをたてる(めくじらをたてる)⑦

动词:毛を吹いて疵(きず)を求める。重箱の隅をほじくる・あら捜しをする。/吹毛求疵

9 周囲(しゅうい)①

名詞:何かの外側のふち。まわり。/周围

10 格好(かっこう)⓪

名詞:適当なこと。似合わしいこと。その年頃であること。物事の状態・様子。整った形。まとまり。/样子,姿势,装束,情况,合适

11　恥ずかしい(はずかしい)④

形容詞:世間慣れがしなかったり劣等感を強く持ったりぐあいの悪い事が有ったりして人前に出るで何かをするのがためらわれる気持だ。/害羞,惭愧

12　異なる(ことなる)③

动词:雅語の形容動詞異なりから転じた動詞二つ以上の物事の間に違いが有る。/不同

13　様様(さまざま)②

形容動詞:幾つか対比されるものが一つひとつ違っている様子。/各种各样,形形色色

14　感覚(かんかく)⓪

名詞:見たり聞いたりさわったりして、大小・形・色・音・臭い・味などの状態や物事の性質を知る働き。/感觉

15　確認(かくにん)⓪

名詞:確かにそうであることを認めること。/确认,证实,判明

文法項目

1　～どおり(に)/～とおり(に)

接続:名词+どおり(に)/名词の或动词连体形+とおり

意味:按照

例文:

〇言われたとおりに仕事をしてても、何かとケチを付けられるし、女も三十過ぎると会社にいづらくなるわ。

〇君の考えどおりにすればいいんだよ。

〇私の命ずるとおりにしていれば、問題はない。

〇この世の中、なんでも自分の思いどうりになると思うな。

2　～かも/～かもしれない/～かもわからない

接続:名词+～かもしれない/用言终止形+～かもしれない

意味:或许

例文：
○帰りが遅すぎる。娘の身に何かあったのかもしれない。
○そう言えば、そんなことを言ったかもしれないなあ。
○ずいぶん勝手な奴だとお思になるかもしれませんが、先日の話は一旦白紙に戻していただけないでしょうか。
○一時父は重体で、もう助からないかもしれないと思ったが、どうやら峠は越したようだ。
○ひょっとしたら、行方不明の息子が帰ってくるかもしれないと思って、部屋はそのままにしてあるんです。

練習問題

問題1 次の言葉の使い方として最もよいものを、1・2・3・4から一つ選びなさい。

問1　親しい
　　1　彼と彼女は親しい間柄だ。
　　2　父には親しさのなかにも優しさがある。
　　3　親しい物腰で応対する。
　　4　夏休みの宿題は親しすぎる。

問2　格好
　　1　こんな格好で失礼いたします。
　　2　中古テレビを格好で譲る。
　　3　猛獣と格好する。
　　4　生産物の格好をする。

問題2 次の文の（　　）に入れるのに最もよいものを、1・2・3・4から一つ選びなさい。

問1　台風の（　　）、多くの被害が出た。
　　　1　ように　　2　ために　　3　のに　　4　には
問2　働きすぎの（　　）、最近、肩こりがひどくなった。

　　　　　1　おかげで　　2　ためで　　　3　ためか　　4　くせ
問3　君の考え(　　)すればいいんだよ。
　　　　　1　つうじて　　2　とおして　　3　とおりに　4　どおりに
問4　帰りが遅すぎる。娘の身に何かあったの(　　)。
　　　　　1　かもしれない　　　2　かもしらない
　　　　　3　かもしりない　　　4　ものか
問5　ひょっとしたら、行方不明の息子が帰ってくる(　　)と思って、部屋はそのままにしてあるんです。
　　　　　1　かどうか　　　　　2　かもしれません
　　　　　3　かもしれない　　　4　わけだ

問題3　次の文の＿＿★＿＿に入る最もよいものを、1・2・3・4から一つ選びなさい。
　問1　君の＿＿＿＿＿★＿＿＿＿＿＿＿＿＿。
　　　　　1　になったら　2　あげる　3　教えて　4　順番
　問2　＿＿＿＿＿＿＿＿＿★＿＿＿＿異なるところだ。
　　　　　1　その点　　　2　他人　　3　が　　　4　と
　問3　空の＿＿＿＿＿＿＿＿＿★＿＿＿＿。
　　　　　1　が　　　　　2　様様に　3　色　　　4　変わる

読解

　古典を読んでみたいと興味を持っていても、古典を読むのは難しい。高校生のころは授業以外では読みたくないと思っていた。
　まず、言葉が難しい。現在では使われていない言葉や表現が多い。文法も今の日本語とはやや異なる。また、わかりにくいのは言葉や文法だけではない。時代によって生活の仕方が違うし、物の考えや価値観(かちかん)も変化している。そのため、理解できない部分もある。古典を読むためにはその時代についての知識が必要だ。
　しかし、読んでいくうちに共感(きょうかん)できることがたくさんあるのに驚かされ

る。時代が違っていても、恋する気持ちや美しいものに感動する人の心は変わらないのだろう。ここに古典を読む楽しさがあるのではないだろうか。今は若い時にもっと読んでおけばよかったと思っている。

問1　古典を読むことについて、この文章を書いた人はどう思っているか。
　　1　若いときも今も古典をよく読んでいてよかったと思っている。
　　2　若いときも今も古典をよく読みたくないと思っている。
　　3　若いときに古典をあまり読まなくてよかったと思っている。
　　4　若いときに古典をあまり読まなかったことを残念に思っている。

問2　古典を読むためにはその時代についての知識が必要だとあるが、どうしてか。
　　1　その時代のものの考え方や価値観が理解できるから。
　　2　時代が違っても人の心は変わらないから。
　　3　時代が違っても生活の仕方は変わらないから。
　　4　その時代のことは高校では何も教えないから。

答え　11　2３４1３　122　４３

【考えながら読もう】
1 とても住み心地がよく、増えやすいところとあるが、それはなぜか。
2 「これら以上に大事なのは」の「これら」は何を指しているか。
3 「のどの奥に生えているせん毛」とあるが、せん毛の働きなんですか。

第六課　体を守る仕組み

中村桂子

　さあ、深呼吸をしてみましょう。
　今、何を吸い込みましたか。たいていの人は、空気と答えたでしょう。もちろん、それでは正解です。でも、空気の中には、目に見えないものがたくさん漂っていて、それも一緒に吸い込まれます。その中には、病気の原因になる微生物もいます。このような微生物は、手にもたくさん付いていて、それが口を通して体に入ってくることもあります。
　私達の体は、だいたい36度から37度ぐらいの温度に保たれています。また、体の中には、水分や栄養分があります。ですから、微生物にとっては、とても住み心地がよく、増えやすいところです。病気の原因になる微生物が増えたら大変ですね。
　でも、安心してください。私たちの体には、自分で自分を守るための仕組みがあるのです。
　まず、体を覆っている皮膚です。傷でもない限り、微生物は皮膚を通して体の中に入ることはありません。それから、涙も、目から入ろうとする微生物を流してしまいます。しかも、涙は微生物を殺す働きもします。
　これら以上に大事なのは、のどの奥に生えているせん毛です。せん毛は鼻や口から入ってきた微生物を、外へ外へと押し出す役目をしているからです。
　このほかにも、私たちの体には、自分を守るための、たくさんの仕組みがあります。しかし、それにもかかわらず、微生物が、体の中に入り込んでくることがあります。
　そんなときに備えて、体の中にも、微生物と戦う素晴らしい仕組みができています。

語彙

1 守る(まもる) ②
动词:他との間に社会的に決められた状態を、破らずに持ち続ける。/保卫,遵守,保持

2 仕組み(しくみ) ⓪
名詞:仕組まれた全体の構造や各部の有機的関係。/构造,结构,情节,计划

3 呼吸(こきゅう) ⓪
名詞:生物が生きている間、酸素を取り入れて二酸化炭素を外へ出すこと。/呼吸,步调,窍门

4 空気(くうき) ①
名詞:地球上の大部分の生物がそれを吸って生きている気体。/空气

5 答える(こたえる) ③
动词:他人の質問・働きかけに対して、それに応じた言葉を返す。出題者の期待する答えを、書いたり口に出したりして示す。他からの刺激に対して、強い影響を受ける。相手の期待・要望などを裏切らない行動をする。/回答,解答

6 漂う(ただよう) ③
动词:水面や空中に浮かんで、揺れ動く。水の流れや風の向きによって運ばれる。目に見えないものが そのあたりに感じられる。/飘,洋溢,露出

7 微生物(びせいぶつ) ②
名詞:細菌・原生動物などのような顕微鏡でなければ見えないほどの、ごく小さい生物。/微生物

8 温度(おんど) ①
名詞:熱さや冷たさの感じの度合。/温度

9 保つ(たもつ) ②
动词:ある状態が変わらずに、長く続く。以前と変わらぬ状態を持ち続ける。無くしたり 傷つけたり しないままで持ちこたえる。/保持,保住,保存

10 水分 (すいぶん) ①
名詞:物の中に含まれている水(の量)。液体。特に、果物・野菜に含まれる汁。/水分

11　心地がよい(ここちがよい)⑤
　　形容詞:何かをした時に、その事物から受ける感じが快適だ。気持いい。/舒服
12　皮膚(ひふ)①
　　名詞:人や動物のからだの表面をおおう皮。/皮肤
13　役目(やくめ)③
　　名詞:責任をもって果たさなければならない仕事。/作用
14　備える(そなえる)③
　　動詞:必要な物を、前もって(使えるように)用意する。何かに対処出来る心構えを持つ。徳・才能などを生まれながらに自分のものとして持つ。/准备
15　戦う(たたかう)④⓪
　　動詞:紛争を解決するために、武力などに訴えて相手を屈伏させようとする。スポーツ・勝負事などで自分が優位に立とうとして、相手と勝ち負けを争う。志をくじく諸条件、たとえば困難・悪徳・因習・誘惑などに負けずに、目的を達成しようとする。/作战,竞赛,斗争

文法項目

1　～やすい/～にくい
　　接続:動詞連用形ます形+やすい/動詞連用形ます形+にくい
　　意味:表示动作或状态容易(很难)进行或实现
　　例文:
　　○この辞書は字が大きくて、使いやすいです。
　　○この店はとてもわかりやすいところにあります。
　　○ここは歩きにくいですね。
　　○あの人名前は長いので覚えにくいです。
　　○日本は生活しにくいでしょう。

2 ～ない限り

接続:动词未然形+ない限り

意味:只要不……

例文:

○土下座でもして謝らない限り、決して彼を許さない。

○相手方が非を認め賠償金を支払わない限り、我々は告訴も辞さない。

○彼は頑固だから、よほどのことがない限り、自分の意見を変えることはないだろう。

3 ～を通して

接続:名词+通して

意味:通过……

例文:

○友人を通して今の妻と知り合いました。

○テレビの画面を通して、世界各地の出来事が一瞬のうちに伝えられる時代になった

○こうやって客観的な統計を通してみると、経営の問題点が一目瞭然、はっきり見えてくる。

練習問題

問題1 次の言葉の使い方として最もよいものを、1・2・3・4から一つ選びなさい。

問1 守る

1 風雨を守るものは何もなかった。

2 子どもを事故から守る。

3 ビルに視界を守られる。

4 船の進行を守る。

問2 答える

1 呼べば答えるほどの所だ。

2 注射で命を持ち答える。

3　暑さがひどく答える。
4　ご訓戒は胸にしみじみと答えました。

問題2　次の文の(　　)に入れるのに最もよいものを、1・2・3・4から一つ選びなさい。
問1　この辞書は字が大きくて、使い(　　)です。
　　　1　づらい　　2　がたい　　3　やすい　　4　にくい
問2　あの人名前は長いので覚え(　　)です。
　　　1　にくい　　2　がたい　　3　やすい　　4　たい
問3　彼は頑固だから、よほどのことが(　　)、自分の意見を変えることはないだろう。
　　　1　とは限る　2　限り　　3　ない限り　4　とは限らない
問4　友人を(　　)今の妻と知り合いました。
　　　1　通して　　2　わたって　3　そって　　4　したがって
問5　インターネットを(　　)のコミュニケーションには、やはり限界がある。
　　　1　通じて　　2　渡して　　3　かかわって　4　わたって

問題3　次の文の＿★＿に入る最もよいものを、1・2・3・4から一つ選びなさい。
問1　皮膚が弱いので，虫に刺される＿＿＿　＿★＿　＿＿＿　＿＿＿材料はさまざまだ。
　　　1　すぐ　　　2　でしまう　3　と　　　　4　うん
問2　家庭を守るのは＿＿＿　＿＿＿　＿★＿　＿＿＿。
　　　1　だ　　　　2　役目　　　3　妻　　　　4　の
問3　熱の出るときにはがある＿＿＿　＿＿＿　＿★＿　＿＿＿がある。
　　　1　水分を　　2　補給する　3　多量に　　4　必要

読解

　動物を見ると自然ににっこりしてしまうという人は多いだろう。動物がそばにいるだけで、人は優しい気持ちになれる。だから、動物といっしょに暮らすのはとても楽しい。動

物との暮らしは人の心を元気にする。そして、動物との暮らしが人の体も元気にするというデータがあるそうだ。飼い主は自分の健康に気をつけて、規則正しい生活をするようになるからだ。

動物を買うということは命を預かるということである。可愛いと思うだけではずっと一緒に暮らしていくのは難しいだろう。それに、動物の寿命(じゅみょう)は人間より短い。どんなに愛情を込めて世話をしても、いつか分かれる日が来る。その日まで飼い主は愛情と責任(せきにん)を持って飼い続けなければならない。

問1　動物との暮らしが人の体も元気にするのはどうしてか。
1　動物がそばにいると自然ににっこりして、やさしい気持ちになれるから。
2　動物といっしょに暮らすのはとても楽しいから。
3　動物の世話をするために健康に気を付けて、規則正しい生活をするから。
4　動物との暮らしは人の心を元気にするから。

問2　動物を飼うことについて、この文章を書いた人はどう考えているか。
1　いつも動物のそばにいるべきだ。
2　動物を可愛いと思うべきだ。
3　動物を愛情と責任を持って買うべきだ。
4　動物の世話をするためにお金をたくさん使うべきだ。

【考えながら読もう】
1 「これはとてももったいないこと」とあるが、何がもったいないのか。
2 「反省すべき点は多々ある」とあるが、反省するのは誰か。
3 筆者が大学進学について提案をしているのはなぜか。

第七課　独学という道もある

柳川範之

　今までは、どちらかと言うと、どんな心持ちで勉強や仕事をしていったほうが幸せだろうかと言う視点で考えてきましたけれど、そうではなくて、社会の制度のあり方として、どんなものがよいだろうかと言う点を考えて見ます。

　ひとつの提案は、もうすこし進学のプロセスを変えてはどうか、すこし大胆にいうと高校からダイレクト大学へ進学するのを原則禁止して、いったん社会に出て働くことにしてはどうか、ということを考えています。

　よく言われていることですが、日本の大学は、大学入試のゴール地点になってしまっていて、底で何を学ぶのか、そこでどんなことを身につけるのかという意識がかなり希薄です。一方では、大学を出てから働き始めた多くの人が、大学時代にもっと勉強をしておけばよかったと公開したり残念がったりしている姿を良く見かけます。これはとてももったいないことだと思います。

　このようなことを言うと、ならば、大学でもっと勉強をさせるようにすればいいじゃないか、それは大学でちゃんと教えていない君たち教師の責任じゃないか、と言うお叱りを受けそうですし、確かに反省すべき点は多々あると思います。けれども、現状では大学生がなかなかやる気を持てないという面もあるように感じています。

　それは、実社会で実際の仕事などを経験してみないと、その学問の重要性や必要性を実感できないという面があるからです。とくに経済学のような学問はそういう傾向が強いように思います。

語彙

1 **心持ち(こころもち)**⓪⑤④
 副詞:外界の刺激に応じて変わる心の状態。それほどはっきりと感じられるわけではないが、そう言われればそうも思われる程度であることを表わす。/心情,稍微

2 **視点(してん)**⓪
 名詞:絵画の遠近法で対象に対するその人の目の位置。物事を描いたり論じたりする時の作者や論者の立場。/视点,视线的集中点,观点

3 **制度(せいど)**①
 名詞:組織・団体を運営したり社会の秩序を維持したりするための決まり。/制度,规定

4 **提案(ていあん)**⓪
 名詞サ変動詞:会議にかけるために原案(議案)を出すこと。相手の意見を求めたり同意を誘ったりするために、ある案を出すこと。/建议,提案

5 **進学(しんがく)**⓪
 名詞サ変動詞:上級の学校に進むこと。/升学

6 **大胆(だいたん)**③
 形容動詞:普通の人ならこわがったり遠慮したりして出来ないような事を思い切ってやってのける様子。常識から言って考えられないような、思い切った事をする様子。/大胆,勇敢,无畏

7 **高校(こうこう)**⓪
 名詞:「高等学校」の略。/高中

8 **原則(げんそく)**⓪
 名詞:大部分の場合にあてはまる基本的な法則。/原则

9 **禁止(きんし)**⓪
 名詞サ変動詞:規則などによってしてはいけないと差しとめること。/禁止

10 **入試(にゅうし)**⓪
 名詞サ変動詞:「入学試験」の略。/入学考试

11　地点(ちてん)①⓪②
　　名词:地球上の、特定の場所。/地点
12　学ぶ(まなぶ)③⓪
　　动词:教わる通りに、本を読んだり物事を考えたり技芸を覚えたりする。/学,学习,做学问
13　意識(いしき)①
　　名词:自分が今何をしているか、どういう状況に置かれているのかが、自分で はっきり分かる心の状態。その事についての はっきりした認識。/认识,意识
14　希薄(きはく)⓪
　　名词:液体(気体)の密度などの薄いこと。そのものの要素が積極的には感じられない様子。/稀薄,不足
15　叱る(しかる)③
　　动词:相手の仕方を、よくないといって、強く注意する。/责备,批评
16　反省(はんせい)⓪
　　名词:自分の今までの言動・あり方について、可否を考えてみること。/反省,自我检讨
17　傾向(けいこう)⓪
　　名词:同じような条件(環境)にある物事が、全体にわたって そうなりそうな大勢にあると判断されること。その人の行動や態度を方向づけるような特定の思想を抱くこと。/倾向,趋势

文法項目

1　～がる
　　接续:形容词词干、形容动词词干+がる
　　意味:表示第三人称感情,感觉和心理
　　例文:
　　〇その地方の人々は珍しがって大騒ぎをした。

○お父さんが九州に行ったことを聞いて、残念がっていた。
○林さんは休まずによく働くので、社長にとてもかわいがられている。
○妹はお土産をもらって、うれしがっています。

2 ～じゃないか
接続：名詞、形容詞、动词终止形、形容动词词干+じゃないか
意味：不是……吗，就是
例文：
○やはり彼は来なかったじゃないか。
○あんなに堅く約束したではまりませんか。
○あそこに見えるじゃないか。
○もう一時過ぎじゃないか。
○耳を疑ったじゃないか。

3 ～そうだ
接続：動詞連用形ます形、形容詞词干、形容动词词干+そうだ
意味：样态助动词,用于客观描述讲话者观察到、感觉到的某种情况、趋势等,即"看起来如何、像是",但实际上如何,还不得而知
例文：
○雨が降りそうです。
○このりんごは赤くておいしそうです。
○陳さん、元気そうですね。
○今夜は涼しいからぐっすり眠れそうです。
○今日中に論文ができそうです。

練習問題

問題 1 次の言葉の使い方として最もよいものを、1・2・3・4から一つ選びなさい。

問 1　心持
1　あいつは部長の心持だ。
2　彼女は心持の女である。
3　心持金つかわずとよくいわれている。
4　酒を飲んでいい心持になった。

問 2　禁止
1　この薬品の販売を禁止する。
2　織物に禁止を織りこむ。
3　禁止眼的な政策だった。
4　禁止化された製品。

問題 2 次の文の(　　)に入れるのに最もよいものを、1・2・3・4から一つ選びなさい。

問 1　彼はアメリカへNBAを見に行き(　　)。
　　1　たがっている　2　たい　　3　ほしい　　4　がち

問 2　お父さんが九州に行ったことを聞いて、残念が(　　)いた。
　　1　って　　2　つけ　　3　っぽい　　4　っぱなし

問 3　あんなに堅く約束した(　　)まりませんか。
　　1　では　　2　ては　　3　ので　　4　のに

問 4　このりんごは赤くて(　　)そうです。
　　1　おいし　　2　おいしい　　3　おいしく　　4　おいしさ

問 5　天気予報によると、今朝雨が降った(　　)です。
　　1　そう　　2　こう　　3　はず　　4　わけ

問題 3 次の文の＿＿★＿＿に入る最もよいものを、1・2・3・4から一つ選びなさい。

問 1　社会に＿＿＿　＿＿★＿　＿＿＿　＿＿＿があった。

　　　1　ところ　　　2　学ぶ　　　3　大いに　　　4　出て

問2　わたしは子どものときいたずらっ子＿＿＿　＿＿＿　★　＿＿＿。

　　　1　だった　　2　・ので　　3　よく　　4　しかられた

問3　会の思想的＿＿＿　＿＿＿　★　＿＿＿。

　　　1　わかって　　2　から　　3　入会する　　4　傾向が

読解

　サッカーは世界で最も人気があるスポーツだ。世界中でサッカーを楽しむ人々を見ることができる。ワールドカップはサッカーだけのスポーツ大会だが、オリンピック以上の盛り上がりを見せている。

　サッカーはこれほど人気がある一番の理由は、ボールさえあればどこでも楽しめることだ。スポーツにはたくさんの道具が必要なものや競技(きょうぎ)をする場所が整備(せいび)されていなければできないものがある。また、サッカーはルールがわかりやすい。これは見る側にとっても大切な要素(ようそ)だ。サッカーは常にボールが動いていて、ボールの動きにつれて選手(せんしゅ)も動く。見る側から言えば、試合中はずっと目が離せないことになる。これもサッカーの魅力である。きょうも世界中で有名な選手になるという夢を持って大勢の子供たちが熱心に練習している。

問1　この文章では、サッカーは人気がある一番大きい理由は何だと言っているか。

　　　1　ワールドカップがオリンピック以上の盛り上がりを見せること。

　　　2　ボールさえあればどこでも楽しむことができること。

　　　3　熱心に練習すれば誰でも有名な選手になれること。

　　　4　サッカーはオリンピックでしか見られないこと。

問2　試合中はずっと目が離せないことになるとあるが、どうしてか。

　　　1　常にボールも選手も動いているから。

　　　2　ルールが分かりやすいから。

　　　3　サッカーを楽しむ人が多いから。

　　　4　子供たちが熱心に練習しているから。

【考えながら読もう】
1 「日本には週末がないんだね」ではなぜこんなことを言ったのですか。
2 「なるほどと思った」はどんな意味ですか。
3 「それっ！ とばかりに」はどんな気持ちを表していますか。

第八課　主権者はきみだ

森英樹

　日本のカレンダーの一週間は、たいてい日曜日ではじまり土曜日で終わる。だから土曜日に「来週会おうか」というと、その日から8日間のことになる。ところが、ヨーロッパのカレンダーは、月曜日から始まり日曜日でおわるのが圧倒的。月曜日を起点に第〇週と数える。スイスの知人と日曜日に話していて、最後にうっかり「今週もう一度会いませんか？」と言ったら、けげんな顔をされてしまった。

　七日を一週で数える方法は、紀元前のローマ歴で確立されたもので、七日ごとに仕事を中断して神に祈るのが安息日、というモーゼの律法に基づく。日本で最古の日曜日の記録は藤原道長の日記だそうだが、週日制が日本に普及するのは、文明開化の一環として明治政府がこれを採用した1876年からである。

　あるドイツ人に日本のカレンダーをプレゼントしたら、「日本には週末がないんだね」と言われて、なるほどと思った。このごろでは週末二日制が日本にも普及しつつあるが、西欧のそれは徹底している。もともと学校がそうである。商店も土曜日の午前中まで流行っているが、午後には繁華街の店でも閉店してしまう。

　たいていの人は、だから金曜日の別れ際に「よい週末を！」と声を掛け合う。「週末」という言葉がうきうきした心はずむ言葉として生きている社会が、そこにはある。週末には、それっ！ とばかりにピクニックにでかけたり、スポーツ、ホビーに興じる。だからカレンダーでも、週の末尾に土、日曜がならんでいることに、実感がある。

　日本にも週末二日制がひろがってきたが、どうもまだ「週末」感がない。あるのは働きすぎ、勉強しすぎた「終末」感だけ、とは言い過ぎだろうか。だからカレンダーに週末が見え

ない。日曜日にまず休み、英気を養っておいて、あとはがんがん働き続ける。日本人は働くために休むが、西欧では、休日に向かって働くのではないか—カレンダーを見比べて、ふとそう思った。どちらが人間的なのだろうか、とも。

語彙

1 **カレンダー②**
名詞:一年全体(各月)を一枚の紙に表わした暦。/日历,全年记事表

2 **終わる(おわる)③⓪**
动词:連続していた物事が、もうこれから先はすることが無いという状態になる。その事態になって状態のまま、先が続かなくなる。/完,做完

3 **数える(かぞえる)③**
动词:全体で幾つ有るか、全体のうちで何番目であるかを知るために数詞を口で唱えたり 指を折ったり などして、自分の知っている数の体系に順に対応させる。既知の数詞を順に唱えること自体を指すこともある。/数,列挙

4 **紀元(きげん)①**
名詞:歴史上の年数を算(カゾ)える時の、基点(となる年)。/建国第一年,元年

5 **ローマ歴(ローマれき)④**
名詞:ローマ帝国の都として古代以来ヨーロッパの政治・文化・宗教の大中心地でその日は何曜で どういう行事が有るか、また吉凶・月齢や日の出・日没・干満の時刻などを、一年を単位として日ごとにしるしたもの。/古罗马纪年法

6 **中断(ちゅうだん)⓪**
名詞:今まで続いていた物事が、なんらかの事情で そこで中止されること。/中断

7 **最古(さいこ)①**
名詞:最も古いこと。/最古,最早

8 **記録(きろく)⓪**
名詞:後のちまで残すべき事柄を書きしるすことした文書。競技などの成績。レコード。/記載,记录

9 文明(ぶんめい)⓪
  名詞:農耕・牧畜によって生産したものをおもな食糧とし、種種の専門職に従事する人びとが集まって形成する都市を中心に整然と組織された社会の状態。狭義では、そのような社会がさらに発展し、特に技術の水準が著しく向上した状態を指す。/文明,物质文化

10 週末(しゅうまつ)⓪
  名詞:その週の終り。日曜から週が始まると考えた場合も、月曜から週が始まると考えた場合も、土曜の午後もしくは金曜の夕方から日曜にかけての仕事休みを指す。ウイークエンド。/周末

11 徹底(てってい)⓪
  サ変動詞:考え方・行動・態度などが中途半端でないこと。/彻底,彻底了解

12 流行る(はやる)②
  動詞:時に会って栄える。ある時期に世間にもてはやされる。商売などが繁昌する。/流行,兴旺,蔓延

13 繁華(はんか)①⓪
  形容動詞:人が多く集まっていて、にぎわう様子。/繁华,热闹

14 英気(えいき)①
  名詞:すぐれた才気。/英气,才气,精力,活力

15 休日(きゅうじつ)⓪
  名詞:その組織体において、その日は全員が業務を休むように前もって定めた日。/假日,休息日

16 見比べる(みくらべる)⑤⓪④
  動詞:二つ(以上)のものを比較する(して考える)。/比较,对比

文法項目

1 ～というと/といえば/といったら
  接続:名词+というと/といえば/といったら

意味:提起,说到
例文:
○遠足といえば、あの時のことを思い出す。
○甲型インフルエンザというと、アメリカで死亡者がもう1000人ぐらいに達したらしい。
○国際結婚の手続きというと、まず複雑で面倒だというイメージを持つ。
○水泳といいますと、坂本さんは毎日泳いで、元どおりの体重になったそうです。
○最近、文化というと、人々が熱心に関心を寄せるようになりました。

2　〜に基づいて/に基づき/に基づく/に基づいた
接続:名詞+に基づいて/に基づき/に基づく/に基づいた
意味:根据,基于
例文:
○実際の市場調査に基づいて、結論を下した。
○法律に基づき、未成年飲酒が禁じられている。
○この作品は実際に起こった事件に基づいて書かれたそうだ。
○アンケート調査の結果に基づき、卒業論文を書く。
○血液型のみに基づいた判断は信じられない。

3　「過ぎる」构成的复合动词
接続:動詞連用形ます形、形容詞詞干、形容動詞詞干+過ぎる
意味:表示程度或状態的过度,过分,过多
例文:
○ちょっと遠すぎます。
○このビールがちょっと高すぎます。
○漢字が多過ぎて、とても読みにくいです。
○この辺は静かすぎて寂しいです。

〇食べ過ぎておなかが痛くなりました。

練習問題

問題1 次の言葉の使い方として最もよいものを、1・2・3・4から一つ選びなさい。

問1 終わる
　　1 内閣が終わる。
　　2 仕事が終わる。
　　3 来学期から英語の先生が終わる。
　　4 授業が終わる。

問2 数える
　　1 来客が数えはじめた。
　　2 いくつあるか数えてごらん。
　　3 貸した本が数えてきた。
　　4 いつもと調子を数えてやってみる。

問題2 次の文の(　)に入れるのに最もよいものを、1・2・3・4から一つ選びなさい。

問1 彼は試験の(　)に、病気になってしまった。
　　1 ついで　　　2 くせ　　　3 最中　　　4 反面

問2 私は先生にアルバムを拝見させて(　)。
　　1 くれます　　2 いただきます　　3 やります　　4 ください

問3 中国に何年住んでいようと、分からないことが(　)。
　　1 ありません　2 あります　　3 だらけ　　4 ばかり

問4 ちょうど課長の話をしている(　)に、課長がやってきた。
　　1 こと　　　　2 わり　　　3 ところ　　4 あげく

問5 日本にいる間にせめて日本語を身につけ(　)です。
　　1 たいもの　　2 ないもの　　3 たいこと　　4 ないこと

問題3 次の文の＿★＿に入る最もよいものを、1・2・3・4から一つ選びなさい。

問1 今度の火事は＿＿＿ ＿＿＿ ＿★＿ ＿＿＿そうだ。
　　1 火　　　　2 タバコの　　　　3 による　　　　4 もの

問2 景色から＿★＿ ＿＿＿ ＿＿＿ ＿＿＿と思います。
　　1 言えば　　　2 きれいだ　　　　3 桂林が　　　　4 一番

問3 木村さんは家庭の＿＿＿ ＿＿＿ ＿★＿ ＿＿＿行かなかったらし。
　　1 中学校　　　2 事情　　　　　　3 で　　　　　　4 さえ

読解

富士山は東海道(とうかいどう)新幹線(しんかんせん)の中からも見ることができる。

富士山が見えると、カメラを取り出して写真を撮る人も多いが、とても速く走っている新幹線の中できれいに撮ることが難しい。上手に撮るにはコツがいる。

まず、富士山側の席を取ることが大切である。これが取れなかった場合は、残念だが今回は諦めよう。

富士山が電線(でんせん)に邪魔されずに一番きれいに見えるのは、富士川を渡っている時である。ここでいい写真を撮るためには、大阪方面から東京方面に向かうときがいい。なぜなら、東京方面に向かうときは、川を渡ったあと、新富士駅を通過(つうか)するために少しゆっくり走るので、写真もゆっくり撮れるからである。逆に大阪方面に向かうときはスピードを上げるので、はっきり撮れなくなってしまう。

これらのコツを頭に入れて、思い出の一枚を撮ってもらいたい。

問1 この文章は、何について書かれているか。
　　1 新幹線の中で富士山が見やすい席に座る方法。
　　2 新幹線の中から富士山のきれいな写真を撮る方法。
　　3 新幹線のスピードと富士山の見え方の関係。
　　4 新幹線の駅から富士山を見るときのコツ。

問2 筆者は、いつ富士山の写真を撮るのがいいと言っているか。
　　1 富士山がみえはじめたとき。

2　東京に近くなったとき。
3　富士川を渡っているとき。
4　新富士駅を通過するとき。

【考えながら読もう】
1　「糸をゆるめられた操り人形」はどうのような様子ですか。
2　「そう見える」はどうみえるのですか。
3　筆者は「今の若者に共通する癖」と書いてありますが、それはなんの癖ですか。

第九課　『若いやつは失礼』

小林道雄

「糸をゆるめられた操り人形」はどうのような様子ですか。
　若いやつは失礼
　今の若い人たちは、どうしてあんなに格好悪いのか、とつくづく僕は思う。
　そう言えば、ファッションから会話まで、自分をカッコよく見せることに何より気を使っている若者たちは、「どこがカッコ悪い？」と納得いかない顔をするに違いない。
　だったら、そのズレは何なのかということだが、その論はあとにゆずり、まずは僕が不思議でならないと思うことを列挙してみよう。
　以前、僕はあるアメリカ人から、
「日本の若者は、なぜみんなあんなに疲れきっているのか？」
と訊かれたことがあった。ナンダ？何を言っているんだ、と思った僕は、逆に「なぜそう思うのか」と尋ねてみた。すると彼は、妙に確信ありげに言ったものだった。
「若い人に限って、電車のシートに体を沈めて脚を伸ばし、まるで糸をゆるめられた操り人形のようにダラーンとしている。あれは、よほど疲れているからほうが救われるからに違いない。そうでなければ、公共の場で、あんな醜い姿はしないはずだ。」
　僕は、一瞬反論するのをやめようかと思った。そう思われている方が救われるからである。しかし、誤解は誤解、いずれは分かってしまうことだ。
「そう見えるかもしれないが、それは違う。あの姿勢は、今の若者たちに共通する癖なのだ。」
　事実は事実として、僕はそう言った。「癖？」彼は首をかしげ、やがてひどく疑わしそうな

目をして反論してきた。

「では、どうしてそういう癖がついたのか？大多数の若者に共通するというのなら、当然の理由も考察されているだろう。」

これは、もっともな質問である。しかし、なぜあんなカッコ悪い姿勢をしたがるのか、僕自身不思議でならないのだから、明確な答えができるわけはない。彼は何度か「なぜ？」を繰り返していたが、ついに、こいつに聞いてもダメだと思ったらしく、不可解と首をすくめて話をやめた。

要するに、僕は彼に馬鹿にされたわけだが、彼があの質問を続けるかぎり、馬鹿にされる日本人はふえるばかりだろう。

語彙

1　ファッション⑤
　　名詞：一番新しい流行の型の衣服を着て、人に見せる催し。／流行，时尚
2　納得(なっとく)⓪
　　名詞サ変动词：他人の言行をよく理解し、もっともだと認めること。得心。／理解，领会，同意
3　列挙(れっきょ)①
　　名詞サ変动词：関係する事柄を省略せず、一つひとつ並べあげること。／列举，枚举
4　訊く(きく)②⓪
　　动词：尋ねる。問う。／打听
5　逆に(ぎゃくに)⓪
　　副詞：基準とする方向から見て、方向や位置が反対であること(様子)。／逆，倒，反
6　妙に(みょうに)①
　　副詞：人間がしたものとは思われないほど、上手な様子。奇怪，格外，奥妙，巧妙
7　確信(かくしん)⓪
　　名詞：確かにそうであるなるに違いないと、自分の予測・判断を信じていること。／确信，自信心

8　沈む(しずむ)③⓪

　　动词:水準となる面から下の方へ動いて、見えなくなる。/沉没,降落,消沉,沉沦,猛跌,暗淡

9　伸ばす(のばす)②

　　动词:伸びるようにする。/延长,伸展,发挥,扩展,揍

10　操る(あやつる)③

　　动词:楽器を意図通りに扱い、音楽を奏する。伝達の手段として記憶情報に基づいて発音器官を巧みに動かして、外国の言葉を話す。内部に仕掛けた糸を使って、陰から人形を動かす。/耍弄,开动,操纵,掌握

11　醜い(みにくい)③

　　形容词:楽に見られない。容貌(ボウ)が整っていないため、相手に不快感を与える様子だ。/难看,丑陋

12　姿(すがた)①

　　名词:からだや物の形を見た時の全体的な視覚印象。物事の内実を反映するものと受け取られる、その時どきの様相。魚・鳥の、生きている時の形。/姿态,风采,身子,姿势,面貌

13　一瞬(いっしゅん)⓪

　　名词:まばたきを一回するかしないかの短い時間。/一瞬,一刹那

14　誤解(ごかい)⓪

　　名词サ変动词:事実とは異なる認識を持ったり 物事を本来の意味とは違って理解したり その人の真意を相反する方向に判断したり すること。/误解,误会

15　姿勢(しせい)⓪

　　名词:何かをする時のからだの構えや心の持ち方。/姿势,态度

16　共通(きょうつう)⓪

　　名词サ変动词:二つ以上のもののどれにも有る当てはまること。/共同

文法項目

1　～たことがある

接続：動詞連用形た形+ことがある、動詞連用形た形+ことがない

意味：表示曾经有过某种经历，或没有这种经历

例文：

○わたしは富士山に登ったことがあります。

○海で泳いだことがあります。

○聞いたことはありますが、見たことがありません。

○昆虫を殺したことがなかったです。

○彼女は手料理を作ったことがあるそうです。

2　～はずだ

接続：名词の/形容词・形容动词・动词连体形+はずだ

意味：表示理当，应该，确信

例文：

○今日は日曜日だから、どこでも休みのはずです。

○三時の飛行機だと言っていたから、もうそろそろ出かけるはずです。

○それぐらいのことは、子供でも知っているはずです。

○あんまり勉強しなかったんだから、テストはうまく行かなかったはずです。

○借りた本は全部返したはずなのに、図書館からまだ返っていないという連絡がありました。

3　～かぎり

接続：名词形容动词である+かぎり/形容动词・形容词・动词连体形+かぎり

意味：只要……就……

例文：
〇国民であるかぎり、法律を遵守しなければならない。
〇生命が続くかぎり、最後の一日まで頑張ろう。
〇僕はできるかぎり、手伝ってあげるから、安心してください。
〇親が体が健康なかぎり、とても幸せだと思う。
〇知っている限りは、全部お教えします。

練習問題

問題1 次の言葉の使い方として最もよいものを、1・2・3・4から一つ選びなさい。

問1 納得
1 相手が納得するまで説明する。
2 納得は食べ物が腐りやす。
3 納得して食欲がなくな。
4 わたしの学校は今月の11日から納得になる。

問2 確信
1 わたしは彼の成功を確信している。
2 政治を確信する。
3 問題の確信をついている。
4 事件の確信をさぐる。

問題2 次の文の（　）に入れるのに最もよいものを、1・2・3・4から一つ選びなさい。

問1 彼女の笑顔にはどこか寂し（　）ところがあった
　　1　げに　　2　げな　　3　がちに　　4　がちな

問2 手術を受け（　）お爺さん体は順調に回復しつつある。
　　1　て以来　　　　　　2　てはじめ
　　3　てからでないと　　4　てならない

問3　よく注意してやれば、怪我をする（　　）はないだろう。
　　　1　もの　　　2　こと　　　3　ほど　　　4　ぎみ
問4　花びらが雪の降る（　　）散っている。
　　　1　とおりに　　　　2　げに
　　　3　ごとく　　　　　4　みたいに
問5　20分もたたない（　　）部屋をきれいに片付けてしまった。
　　　1　うちに　　2　ところに　　3　かぎり　　4　やいなや

問題3　次の文の＿★＿に入る最もよいものを、1・2・3・4から一つ選びなさい。
問1　研究発表をする＿＿＿★＿＿＿＿＿＿＿＿＿ことが必要だ。
　　　1　しっかり　　2　にあたって　　3　する　　4　準備を
問2　木村さんはよく欧米を旅行している＿＿★＿＿＿＿＿＿＿＿ことはない。
　　　1　からこそ　　2　苦労する　　3　に　　4　英会話
問3　病気で＿＿＿＿＿＿★＿＿＿＿しまった。
　　　1　すえに　　2　とうとう　　3　苦しんだ　　4　死んで

読解

　インターネット上には、どんなことでも相談できるウェブサイトがある。その中には、ある製品、サービス、団体（だんたい）などについて「本当はどうなのか」を知りたい人が、そのページを見ている人たちに相談するためものがある。
　例えば、ある製品についての評判（ひょうばん）を知りたくても、近くに使ったことのある人がいなければわからない。その製品を扱っている会社のホームページやパンフレットには、当たり前のことだが、いいことしか書いていない。そこで、インターネットの相談掲示板で、一般の人の率直（そっちょく）な意見を聞こう、というわけだ。
　しかし、「一般の人」と言っても、人にはそれぞれ違った事情（じじょう）がある。好みや考え方も違う。「率直な意見」と言っても、自分の参考になるとは限らない。また、「率直な」意

見ではなく、何かの目的を持って回答しているかもしれない。それらを考えたら、自分で判断するのが一番確実(かくじつ)な気がする。

問1　インターネット上の掲示板で相談をする目的は何か。
　　　1　ある製品の値段を知ること
　　　2　ある製品のいい点を知ること
　　　3　ある製品の売り場を知ること
　　　4　ある製品の本当のことを知ること

問2　自分で判断するのが一番確実な気がするのはどうしてか。
　　　1　自分と同じ好みの人の意見ばかり読んでも意味がないから
　　　2　実際に自分で使ってみないと本当のことはわからないから
　　　3　人によって感じ方が違うのは当たり前だから
　　　4　うそが書かれている可能性が高いから

【考えながら読もう】
1 この大事な人生の教訓とは、どんなことですか。
2 一味違っているとは、どんなことですか。
3 文章の中では、「気がきく人」と「気がきかない人」はどんな人を指していますか。

第十課　気がきく人　気がきかない人

山形琢也

　亡くなった妻が入院していた病院で、私は「気がきく」ということの重要性をつくづく学ばされた経験がある。
　ガンが手遅れになってしまい、もはや死が避けられない状態になっていた妻は、個室に移った。そこで、看護婦さんに来てもらいたい、と妻がしきりに言うようになった。
　「看護婦の仕事にはローテーションがあるから、特定の人だけに来てもらうわけにはいかないわがままいってはダメだよ。」
　わたしが言うと、妻は「分かっているけど」と言いながらも、その一人の看護婦さんに自分はついてもらいたいのだと言った。
　なぜ、妻はそんなにその看護婦さんがいいと思ったのか。
　当時の私は仕事がなく、妻につきっきりでいられたので、やってくる看護婦さん達を観察することにした。すると、たしかに妻が「ついてほしい」と言った看護婦さんは、仕事の仕方が他の人とはひと味違っていることに気がついた。
　たとえば、注射を打つとき、他の看護婦さんは「注射をしますよ」と言って手際よく処置し、「お大事に」と言って部屋を出ていくが、妻が好む看護婦さんは「注射をしますよ」と言うだけでなく、「今日は顔色がいいわね」とか「あら、今日もご主人がいらっしゃるのね。いいご主人じゃない。こんなに優しくしてくれるご主人はいないんだから、早くならないとね」と言葉をかけていく。つまり、患者の立場に立って、一生懸命励ましている気配りのある行動が、妻の心を掴んだのだ。
　人間は相手の心に気がつき、相手のために気が利くかどうか、天と地ほど差が出てく

る。妻の死と引き替えに、私はこの大事な人生の教訓を妻から贈られたと思っている。妻は遠い世界に旅たっていったが、それ以来、私は「気がつく講師」「きがきく講師」になりたいという気持ちで仕事をしている。

語彙

1 入院(にゅういん)⓪
　名詞サ変動詞:病気・けがを治すため、ある期間、病院に入ること。/住院
2 重要(じゅうよう)⓪
　形容動詞:物事の成立に欠くことの出来ない関係が有り、他の物では到底まにあわない様子。/重要,要紧
3 手遅れ(ておくれ)②
　名詞:事件の処置や病気の手当てなどが遅れて、成功・回復の見込みが無くなること。
　/耽误,为时已晚,错过时机
4 個室(こしつ)⓪
　名詞:/大部屋と違ってその人(パーティー)だけで使える部屋。/単人房間
5 特定(とくてい)⓪
　名詞:特に指定したりそのものだけに限定したりすること。当事者同士の話合いで定まっていること。多くのものの中で特にそのものだけが該当すると判断すること。
　/特別指定,特別規定
6 看護婦(かんごふ)③
　名詞:法定の資格を持ち、医師の補助やけが人・病人の看護をすることを職業とする婦人。ナース。/护士,女护士
7 仕方(しかた)⓪
　名詞:為し方の意 やりかた。やりよう。/做法,办法,手势
8 味違う(あじちがう)④
　動詞:舌が飲食物に触れた時に起こる感じが違う。/味道不同

9 打つ(うつ)①
动词:少し離れた所から、はずみをつけて力を加え、破壊的な効果を与える(その物の位置・状態を変えたり 振動を起こさせたりする)。ことによって、ある動作・仕事をする。ことによって、固定させる。銃砲などを発射する目的物に当てる。武器で、敵を攻撃する。ある行為をする。周期的に同じような動きが感じられる。/打,碰,击,拍,投,职责,感动,打,注射,贴上,弹,擀,耕,锻造,捣,编,张挂,下棋,交付,系上,演出,采取措施

10 注射(ちゅうしゃ)⓪
名詞サ変动词:針を使い薬液を皮膚から体内に入れること。/注射,打针

11 手際(てぎわ)⓪③
名詞:物事を処理する方法。何かをする腕前や能力の程度。/手法,手腕,做出的结果

12 処置(しょち)①
名詞サ変动词:ある判断を下して、その扱いを取り決めること。また、その扱い。/处置,处理

13 患者(かんじゃ)⓪
名詞:その医者にかかって、病気やけがの治療を受ける人。/患者,病号

14 励ます(はげます)③
动词:もっとファイトを出して事に当たるように言葉をかけたりする。/鼓励,提高嗓门

15 相手(あいて)③
名詞:自分と一緒に何かをする人。自分と相対して争う人。自分と組になる人。/伙伴,对手,对象

16 引き替える(ひきかえる)③
动词:他の物ととりかえる。すっかりかえる。姿をかえる。/兑换,相反

17 教訓(きょうくん)⓪
名詞:将来への生活指針を与えること。/教训

文法項目

1 ～ようになる/～なくなる

接続:动词连体形+ようになる/动词未然形+なくなる

意味:表示能力或状态变化的结果

例文：
○今は中国語が上手になったので、一人で買い物もできるようになりました。
○李さんもお酒を飲むようになりました。
○このごろ彼はあまり勉強しなくなりました。
○寒くなると、朝早く起きることができなくなりますね。

2 ～てはだめだ/～てはならない/～てはいけない

接続:動詞連用形て形+てはだめだ

意味:表示禁止做某事,不许

例文：
○教室で寝てはだめです。
○図書館で声を出して読んではいけない。
○ここで食べてみてはだめだ。
○会場でゴミを捨ててはだめだ。
○食事中、テレビを見てはなりません。

3 ～かどうか

接続:名词、形容动词词干、动词・形容词・助动词终止形+かどうか

意味:是否

例文：
○間違いがあるかどうか見てくださいませんか。
○模擬店は成功するかどうかやってみなければわからないでしょう。
○その本は読んでいませんから、おもしろいかどうか分かりません。

○あの番組は人気があるかどうかアンケートで調査してみましょうか。

練習問題

問題1 次の言葉の使い方として最もよいものを、1・2・3・4から一つ選びなさい。

問1 入院
1 病気で2週間入院した。
2 幼稚園に入院する。
3 あの公園の入院料はいくらですか。
4 入院を申し込む。

問2 手遅れ
1 手遅れをさげて水くみに行く。
2 手遅れを押していく。
3 宴会の席で手遅れをする。
4 手遅れにならないうちに医者にかからねばならない。

問題2 次の文の(　　)に入れるのに最もよいものを、1・2・3・4から一つ選びなさい。

問1 今の世の中、お金(　　)あれば何でもできると思っている人が多いようだ。
　　1 しか　　2 べき　　3 さえ　　4 ほど

問2 彼が国へ帰るそうだ。一緒に大学に進もうと言っていたのに、(　　)。
　　1 残念でならない　　2 残念にしょうがない
　　3 残念ではない　　4 残念にしている

問3 姉はパソコンをとても大切にしている。黙って借り(　　)、後が怖い。
　　1 がち　　2 ようものなら　　3 しだいでは　　4 したら

問4 顔(　　)田中さんはかなり悩んでいるようだ。
　　1 から見ると　　2 とすれば　　3 とはいえ　　4 に限り

問5 日本人は古い伝統を守る(　　)、新しいものも積極的に取り入れる。
　　1 ばかりで　　2 ことで　　3 ものか　　4 一方で

問題3 次の文の___★___に入る最もよいものを、1・2・3・4から一つ選びなさい。

問1　相手___★___ ___ ___ ___は礼儀の一部である。
　　1　としての　　　　　　2　に対する
　　3　敬語　　　　　　　　4　尊敬の気持ちの表れ

問2　鉱物質の材料を用いた家屋には___ ___★___ ___というような短所ある。
　　1　多くなる　　2　悪くなりがちで　　3　湿気が　　4　通風が

問3　私は___ ___ ___ ___★___と思っています。
　　1　見逃す　　2　2度と　　　3　まい　　4　誤りを

読解

　1　田舎はなんでも安いので生活費があまりかかりません。広い家を買っても借りても驚くほど安くやみます。庭も広いからそこで野菜などを作って食べることもできます。自然がいっぱいだし、のんびりしているから子供を育てるのにもいいです。学力(がくりょく)テストをしたら小学生も中学生も1位は地方の県でした。子供ばかりではありません。お年寄りにとって田舎は暮らしやすいところです。近所(きんじょ)の人がみんな知り合いで、お付き合いが多いですから都会のように一人で寂しいということがありません。

　では、なぜ田舎の人口が減り続けているのでしょうか。田舎の生活には車が必要だとか、店があまりないとか不便なこともあります。しかし一番の問題は田舎には仕事がないことです。仕事があれば若者も帰ってきます。この問題を解決してもっと田舎で暮らせるようにしたいものです。

問1　田舎のいい点はどれか。
　　1　田舎は何でも安いので一生懸命働かなくてもいい。
　　2　子供たちはのんびり勉強しているからテストの点がいい。
　　3　みんなが家族のように暮らしている。
　　4　子供を育てるのにもいいし生活にもお金があまりかからない。

問2　田舎の人口が減っている一番の理由はどれか。
　　1　若者が田舎に住みたがらないから。
　　2　あまり仕事がないから。
　　3　車の運転ができない人が増えたから。
　　4　店がなくて不便だから。

　2　「最近の若い人は会話ができない」とよく言われる。例えば、「これを見てください」と言うべきところを「これ」しか言わない。「これがどうしたの？」と聞くと、やっと「見てください」と言う。ここまでひどくなくても、相手にきちんと自分の意思を伝え、いい関係を作る能力が低下しているのは間違いない。
　その理由の一つに、スーパーマーケットが増えて、子供のころに近所の小さな商店で買い物をする機会が少なくなったことがあるのではないか。
　近所のおばさんの店で買い物をするには、まず、店に入った時に「ごめんください」などと挨拶をしなければならない。すると、「はーい」と言いながら、奥からおばさんが出てくる。ここで返事がないと、「聞こえるように大きな声で言わなきゃだめだよ」と一緒に来ている母親に注意される。そして、商品を買う時には「その〇〇とこの△△を一つずつください」などと、買うものと数をはっきり、にこにこして言わなければならない。目の前にいるのはただの店員ではなく、近所の人でもあるからだ。これらはコミュニケーション能力をつける最高の訓練(くんれん)だったのだ。
問1　最近の若い人は会話ができないとはどういう意味か。
　　1　欲しいものを買ってくることができない。
　　2　自分の意思をうまく伝えることができない。
　　3　あいさつできない。
　　4　質問されないと話しはじめられない。
問2　スーパーマーケットと近所の小さな商店の特徴について、正しく説明しているのはどれか。
　　1　スーパーマーケットでは、買うものと数をはっきり、短い言葉で言わなけれ

ばならない。
2　近所の小さな商店では、あいさつをしなくては店の人が出てこない。
3　スーパーマーケットには一人で買い物に行く。
4　近所の小さな商店には、店員ではなく近所の人がいる。

趣味の文章

ちょっと意外なお茶の間の科学

　人は睡眠中に、極浅い眠り、浅い眠り、仲位の眠り、深い眠りの四段階の眠りをします。この眠りをノンレム睡眠といいますが、ノンレム睡眠の次にもう一つの眠りがきます。これが、レム睡眠です。(中略)七～八時間の睡眠のうち、ノンムレ睡眠とレム睡眠を何回か繰り返しますが、夢を見るのはレム睡眠のときだけです。

　レム睡眠のときには、いつでもゆめを見ていますが、その夢を覚えているのは、夢を見た後約八分だけだそうです。この間に目が冷めれば覚えているのですが、そのまま眠り続けてしまえば、夢を見たことすら忘れてしまいます。だから、ぐっすり熟睡して浅い眠りから深い眠りへすぐ移行してしまうと、夢はあまり見ません。

　また、レム睡眠が長くなると夢を見ている時間が長くなります。眠る時間が長ければレム睡眠の長さも伸びますが、同じ時間寝ていても、強いストレスを受けているときのほうがレム睡眠が長くなるそうです。それに、ストレスを受けているときにはウツウツとしてよく眠れず、目が覚めやすいということもあります。そういえば、テストの前とか仕事がうまくいかない時とか、ふられたときとか、いやーなことがあったときによく夢を見たなと、思い当たりませんか。

　アメリカで行われた実験でも、夢をあまり見ない人というのは、楽天的で自我があまり強くない人という結果が出ているそうです。何も考えず、バタンキューと眠ってしますのが、最上の眠りのようです。

(竹内均　ちょっと意外なお茶の間の科学)

【考えながら読もう】
1　この情報はどの新聞に報道されたか。
2　神舟9号には何人の宇宙飛行士が搭乗するか。
3　どの国に何人の女性飛行士がいるか。

第十一課　女性も訓練中

　情報によると、宇宙船・神舟9号はすでにシステムレベルでの審査に合格したそうだ。今後さらに集団レベルの審査などを経た後、問題がなければ来月にも酒泉衛星発射センターに向かうという。新京報が25日に報じた。

　専門家によるシミュレーションテストと審査の結果、有人宇宙船・神舟9号の技術ソリューションおよびシステム、性能はいずれも飛行任務に向けた要求を満たしていることがわかった。

　神舟9号には3人の宇宙飛行士が搭乗することが決定している。搭乗する女性飛行士はすでに基本的に確定済みで、現在訓練を行っているが、詳しい情報は明らかになっていない。

　これまでに、多くの国で女性宇宙飛行士が誕生している。雑誌「国際太空」のホウ之浩編集長は「これまでに宇宙に行った飛行士は男女含め50人あまりにのぼる。女性飛行士は克服しなければならない困難が多いが、メリットもある。女性は忍耐力、孤独への適応力が強く、男女の飛行士が力を合わせることで、ミッション中のミスを減らすことができる」と述べる。各国の女性飛行士はパイロット、パラシュート部隊から選ばれているが、宇宙飛行士はパイロットよりも厳しい選考となるという。「一般的に、女性飛行士はすでに出産経験のある女性が選ばれる。これは主に宇宙から帰還した後、子供に影響が出る恐れがあるためだ。また、遺伝子疾患があってはならず、過去3世代までさかのぼって調査が行われる。また、病気にかかりやすいため、生理期間も避けられる」。

語彙

1　宇宙船(うちゅうせん)⓪
　　名词:人間を乗せて宇宙を飛行する乗り物。/宇宙飞船

2　システム①
　　名词:複数の要素が有機的に関係しあい、全体としてまとまった機能を発揮している要素の集合体。組織。系統。仕組み。/组织,系统,机构

3　レベル①
　　名词:何かについての、その人(社会)の標準的な程度。水準。水平面を定めたり 水平面からの傾きを調べたり する器具。/水平,水平仪

4　審査(しんさ)①
　　名词サ変动词:問題となっている人の成績・履歴などや物の品質などを調べて、合否・等級などを定めること。/审查

5　合格(ごうかく)⓪
　　サ変动词:定められた条件・資格に適合すること。狭義では、試験に及第することを指す。/及格,合格

6　集団(しゅうだん)⓪
　　名词:多くの人(物)が集まって形作る、一まとまり。/集团

7　経る(へる)①
　　动词:それまで何かをする間に、何ほどかの時間が過ぎる。最終目的(地)にまで達する前の段階や過程として、そこを通る。/经过,通过

8　衛星(えいせい)⓪
　　名词:惑星のまわりを公転する、小さな天体。地球に対する月など。中心となるものの周囲にあって、それに従属し、また、それを守る関係にあるもの。/卫星

9　発射(はっしゃ)⓪
　　サ変动词:弾丸・ロケット・ミサイルなどを打ち出すこと。/发射

10　センター①
　　名词:中央。中心。球技などで、中央の位置、またその位置を占める人。特に野球で、中

堅、また中堅手。/中心,中场手(棒球)

11　ソリューション②

　　名词:溶解。溶体。溶液。/溶液

12　性能(せいのう)⓪

　　名词:使用目的に合うように発揮される能力。/性能,机能,效能

13　任務(にんむ)①

　　名词:その時(ある期間)果たすように義務づけられた責任の重い仕事。その者が全体系の中で担うべき役割。/任务,职责

14　搭乗(とうじょう)⓪

　　サ変动词:航空機・船・機関車などに(乗務員として)乗りこむこと。/搭乗

15　訓練(くんれん)①

　　サ変动词:ある能力・技術などを十分に身につけるまで繰り返し練習させること。/训练

16　克服(こくふく)⓪

　　名词サ変动词:努力して、困難な状態を切り抜けること。/克服

17　メリット①

　　名词:積極的価値。長所。功績。/优点,功劳

18　ミッション③

　　名词:使命。/任务,使命

19　パイロット③

　　名词:船の水先案内人。航空機の操縦者。/領港员,領航员,飞行员

20　パラシュート③

　　名词:使用時にはかさ形に開く、ナイロン(絹布)製の用具。航空機から飛び降りて安全に着陸するためや物資の投下に用いられる。/降落伞

文法項目

1 ～という/～ということだ/～とのことだ

接続：名词だ+という/形容词・形容动词・动词终止形+という

意味：听说，据说

例文：
○この課にも一人配属されるという。
○天気予報によると、明日は雨が降るという。
○北京大学に合格なされたという。
○ご子息の医科大学へのご入学がお決まりになったという。
○景気は秋あたりには回復に向かうという。

2 ～によって/～により/～による

接続：名词+による

意味：根据，依靠，按照，通过

例文：
○コンピューターによって、世界のいろいろなことを知ることができる。
○収穫されたりんごは大きさによって分けられ、輸出される。
○書物により、知識を広める。
○関係者との話し合いにより、この事件を解決する。
○最近の調査による詳しい結果は以下のとおりです。

3 ～てはならず/～てはならなく

接続：動詞連用形て形+てはならず

意味：禁止，不许

例文：
○患者が行ってはならず、目的地の環境が体に悪いです。
○遅くまで起きて勉強してはならず、時間通りに休みます。

○昼ご飯を食べないで仕事してはならず、健康は何より重要だ。
○紙屑を勝手に捨ててはならず、ゴミ箱に入れてください。
○まず醤油を入れてはならず、順序に料理を作りなさい。

練習問題

問題1 次の言葉の使い方として最もよいものを、1・2・3・4から一つ選びなさい。

問1　経る
　　1　井戸の水が経った。
　　2　量目は200キロ経っている。
　　3　1万年という長い年月を経る。
　　4　結核の患者はだんだん経ってきた。

問2　衛星
　　1　衛星設備が完備している。
　　2　月は地球の衛星だ。
　　3　日中両国人民の友好関係を衛星させる。
　　4　一身の衛星をはかる。

問題2 次の文の（　　）に入れるのに最もよいものを、1・2・3・4から一つ選びなさい。

問1　いろいろやりたいですが、お金がなくて、困り（　　）。
　　1　っぽい　　2　っこない　　3　切っている　　4　しだいだ

問2　それでは、もう一度確かめて見（　　）。
　　1　ようではないか　　　2　ようがない
　　3　なくてもいい　　　　4　てはいけない

問3　行くと答えた（　　）、あまり行く気がしない。
　　1　とおり　　2　ものの　　3　きり　　4　ように

問4　小川さんは8年もフランスに住んでいた。それ（　　）フランス語が下手だ。
　　1　にして　　2　にしては　　3　だけに　　4　ばかりか

問5　日本語の勉強がしたいのですが、どこかいい学校をご紹介(　　)でしょうか。。
　　　1　いただく　　　2　する　　　3　される　　　4　願える

問題3　次の文の＿＿★＿＿に入る最もよいものを、1・2・3・4から一つ選びなさい。
問1　日本人は漢字を＿＿＿＿★＿＿＿＿＿＿＿＿＿作った。
　　　1　を　　　　2　仮名　　　3　して　　　4　もと
問2　外国旅行に行くとなると＿＿＿＿＿＿＿＿＿＿★＿人がいる。
　　　1　日本食品を　2　事前に　　3　山のように　4　買い込む
問3　筆記試験に＿★＿＿＿＿＿＿＿＿＿＿＿があります。
　　　1　まず　　　2　書類による　3　先立って　　4　選考

読解

免疫力

　免疫力というのは、体を病気から守る力のことです。免疫力が弱くなると、病気にかかりやすくなります。この免疫力を強くするためには、どのようにすればいいのでしょうか。

　まず、食事が大切です。毎日食べるものは、私たちの体の基礎を作っています。近年、しいたけ、えのきだけ、まいたけなどの「きのこ」は、免疫力を強くする成分が多く含まれていることで、注目されています。また、腸の環境を整える役割をするヨーグルトや納豆、食物繊維の多いこんにゃくなどの食品をとることも必要です。

　ストレスは、免疫力を低下させるといわれています。かなしいことやつらいことがあると、病気に対する抵抗力が弱くなるようです。反対に、「笑い」は免疫力をアップします。1日に数回は、大きな声で笑うようにしましょう。

問1　免疫力について、正しいものはどれか。
　　　1　免疫力が強くなると、病気になりやすくなる。
　　　2　悲しいことがあると、免疫力が高くなる。

　　　3　きのこやヨーグルトを食べると免疫力が弱くなる。
　　　4　よく笑うと、免疫力が強くなる。
問2　免疫力が弱くなるのは、どんな時か。
　　　1　さまざまな食べ物を一度に食べた時
　　　2　ヨーグルトを食べた時
　　　3　悲しいことがあった時
　　　4　大きな声で笑った時
問3　ストレスについて、合っているものはどれか。
　　　1　病気に抵抗する力
　　　2　悲しみや辛いことから生まれる苦しみ
　　　3　免疫力を下げる食べ物
　　　4　笑いで免疫力をあげる力

【考えながら読もう】
1　アジアの奇跡というのは誰のことを指すか。
2　今度のアジアの奇跡を果たした人は誰か。
3　姚明と劉翔とを述べるが、何を説明するつもりか。

第十二課　アジアの奇跡

　中国国営新華社通信は4日夜、テニスの全仏オープン女子シングルスで、李娜(中国)が悲願の初優勝を果たしたことを速報で伝え、「アジアの奇跡だ」と報じた。全豪では決勝で敗れただけに、中国国民の感激はひとしおで、アジア勢初の快挙を喜んだ。

　英語でのインタビューにも物おじせず、ユーモアたっぷりに答える姿は「中国人選手のイメージを変えた」(北京青年報)と評され、中国ではまだメジャーなスポーツではないテニスの人気上昇にも貢献している。

　29歳の選手人生は、決して順風満帆ではなかった。9年前、チームメートとの恋愛を許さない国家チームの束縛を嫌い引退を決意したこともある。「(国家チームが)強硬な体制を伸縮自在なものに変えたのは、李娜に北京五輪で好成績を上げてもらうためだった」「李娜の戦績は、異なる育成方式でも中国選手を世界の花形にすることができると証明した」。光明日報はそう指摘する。

　バスケットボールのNBAで活躍した姚明、アテネ五輪の陸上男子110メートル障害で金メダルを獲得した劉翔に続く「中国籍の国際体育巨星(スター)になる」と、李娜は期待されている。

語彙

1　悲願(ひがん)①
　形容动词:その人としてぜひやり遂げたいと考える有意義な計画の意にも用いられる。
　/悲壮

2 **優勝(ゆうしょう)**⓪
名詞サ変動詞:競技で第一位になること。すぐれたものが勝つこと。/冠军,第一名

3 **果たす(はたす)**②
动词:やろうと思った(やらなければいけない)事を完全に実行する。期待される仕事をやってのける。/完成,用光

4 **速報(そくほう)**⓪
名詞:情報が入るや否や、すばやく知らせること。/速报,快报

5 **全豪(ぜんごう)**⓪
名詞:全豪テニス選手権大会の略称。/大满贯

6 **快挙(かいきょ)**①
名詞:よくぞ△やってくれた(そこまでやった)と他から文句無しに称讚(を受ける、すばらしい行為。前人未到の新記録の意にも用いられる。/果敢的行动,壮举

7 **評する(ひょうする)**③
动词:批評する。価値などを決める。/批评,评价

8 **メジャー**①
名詞:重要度において高い。大手・主流。/主流

9 **上昇(じょうしょう)**⓪
サ変動詞:程度の高い方へ移行すること。/上升,上涨

10 **貢献(こうけん)**⓪
名詞サ変動詞:みつぎものを奉る意その物事の発展・繁栄に役立つような何かをすること。/贡献

11 **順風(じゅんぷう)**⓪
名詞:船の進む方向に吹く風。/顺风

12 **満帆(まんぱん)**⓪
名詞:船の帆が風を一杯受けること。/满帆

13 **恋愛(れんあい)**⓪
名詞:特定の異性に特別の愛情をいだき、高揚した気分で、二人だけで一緒にいたい、

精神的な一体感を分かち合いたい、出来るなら肉体的な一体感も得たいと願いながら、常にはかなえられないで、やるせない思いに駆られたり、まれにかなえられて歓喜したりする状態に身を置くこと。/爱情,恋爱

14 束縛(そくばく)⓪
　名词サ変动词:行動の自由を制限すること。/束缚,限制

15 引退(いんたい)⓪
　名词サ変动词:仕事の第一線から退くこと。/引退,退职

16 育成(いくせい)⓪
　名词サ変动词:りっぱに育て上げること。/培养,培训

17 花形(はながた)⓪②
　名词:花の形(の模様)。人気が有って、社会、特にマスコミにもてはやされる存在。/花样,红人

18 活躍(かつやく)⓪
　名词サ変动词:注目を浴びるような、すばらしい活動をして、業績や成果を上げること。/活跃

19 障害(しょうがい)⓪
　名词:正常な運営やスムースな進行をさえぎりとどめるもの。陸上競技や競馬で定められた距離の途中に障害物を置き、それを飛び越して走る競走。/障碍,跳栏

20 期待(きたい)⓪
　名词サ変动词:望ましい事態の実現、好機の到来を心から待つこと(思い)。/期待,指望

文法項目

1 ～ずに
　接続:动词未然形(サ変动词是せ)+ずに
　意味:在句中起中顿作用,表示后续事项是在前项否定状态中进行的

例文：
○先生も中国語を使わず、日本語だけで教えてください。
○先生に断らずに学校を休んで先生を心配させる。
○必要なお金が集まらず、困っています。
○彼は毎日何もせずに遊んでばかりいます。
○さようならも言わずに帰ってしまいました。

2　決して～ない

接続：決して～动词未然形+ない

意味：副詞決して和表示否定或禁止的表达方式一起使用，表示讲话者或第三方非常坚决的态度，绝不……

例文：
○タバコは決して吸いません。
○お酒は決して飲みません。
○これから決して脂っこいものを食べません。
○風邪ですけど、決して油断はできません。
○大事なことですから、決して忘れてはいけません。

3　～てもらう/～ていただく

接続：動詞連用形て形+てもらう/動詞連用形て形+ていただく

意味：表示前者接受后者所做的事

例文：
○趙さんに記念写真を撮ってもらいました。
○留学生別科の蔡先生にも来ていただきました。
○李さんに本を貸してもらいました。
○高さんはお医者さんに診察してもらいました。
○先生にもう一度説明していただきました。

練習問題

問題1 次の言葉の使い方として最もよいものを、1・2・3・4から一つ選びなさい。

問1 悲願
1 優勝の悲願に燃えて練習にはげむ。
2 暑さ寒さも悲願まで。
3 悲願に訴える。
4 はりがみが町の悲願をそこなう。

問2 果たす
1 野原を開拓して果たすにする。
2 わたしの娘はこの春で果たすになる。
3 しきりと扇子を果たせた。
4 精力を使い果たす。

問題2 次の文の( )に入れるのに最もよいものを、1・2・3・4から一つ選びなさい。

問1 彼が謝ってくれない(　　)こっちも折れるつもりはない。
　　1 ことには　　2 かぎり　　3 いじょう　　4 いらい

問2 逃げられる(　　)逃げてみろ。
　　1 ものだから　2 ことだから　3 ものなら　　4 ことから

問3 吉田さんとは去年タイを旅行した(　　)知り合った。
　　1 最中に　　2 際に　　　3 ついでに　　4 ことに

問4 いろいろ考えた(　　)、都心にある家族を売ることに決めた。
　　1 きり　　　2 くせに　　3 あげく　　　4 ことなく

問5 けちな彼の(　　)、要らないものでも人にくれないだろう。
　　1 ものだから　2 ことだから　3 ものか　　　4 おかげか

問題3 次の文の ___★___ に入る最もよいものを、1・2・3・4から一つ選びなさい。

問1 映画の____ ____ ★ ____。
　　1 貢献する　　2 平和に　　3 超人は　　4 世界

問2 作品____ ____ ★ ____。
　　1 評する　　2 を　　3 芸術性　　4 の

問3 女子____ ★ ____ ____。
　　1 バレーの　　　　　2 ワールド・カップ
　　3 大会で　　　　　　4 優勝した

読解

「成人」は何歳?

　日本は、20歳以上の人を「成年=成人」としている。成人にならなけれな、お酒を飲むこと、タバコを吸うこと、選挙に参加することはできない。

　しかし、近年、成人の年齢を18歳に引き下げることが議論されている。その理由にはさまざまあるが、まず一つ目は、市民の政治への参加を広げることがある。選挙ができる年齢を18歳からにすれば、より多くの国民が選挙に参加することができる。

　二つ目の理由として、18歳という年齢は経済的自立が可能な年齢であり、結婚ができ、車の運転免許が取れる。職に就いている人もいることから、おとなとみなされているといえる。

　さらに、イギリス、オーストラリア、イタリア、ドイツ、スイス、中国など、世界の多くの国で成人は18歳とされている。また、日本と同様、20歳を成人としている韓国は、2012年から19歳に引き下げることが決まっている。

問1　日本で18歳の人ができることは何か。
　　1　お酒を飲むこと
　　2　たばこを吸うこと
　　3　選挙に参加すること
　　4　結婚すること

問2 文章の内容として、正しいのはどれか。

1 日本で成人の年齢を20歳から18歳に引き下げるためには、18歳で仕事をはじめなければならない。

2 イギリスやオーストラリアなどの国では成人は18歳であるため、日本もほかの国と成人年齢を合わせたいと考えている。

3 日本では20歳にならないと選挙権がないので、18歳から選挙ができるようにしたいと考えている。

4 日本の18歳は、仕事をしたり結婚したりしている人がたいへん多い。

答え 14 23232 422 43

【考えながら読もう】
1 今度の爆発で何人が亡くなったか。
2 爆発の原因はなにか。
3 「アラブの春」という言葉があるが、何の意味の言葉か。

第十三課　イラク各地で爆発

貫洞欣寛

　イラクの首都バグダッドや中部カルバラなど十数カ所で20日、自動車爆弾などが相次いで爆発し、少なくとも49人が死亡した。ロイター通信などが伝えた。死者の多くは治安部隊や警察、イスラム教シーア派の市民らで、スンニ派武装勢力による一斉攻撃の可能性が高い。

　最大の被害を出したのは、シーア派の聖地があり、巡礼者が集まるカルバラで、まず自動車爆弾が爆発し、警察官や救助の市民が集まったところで2発目が爆発し、13人が死亡した。

　20日はイラク戦争開戦から9年にあたる。また、バグダッドでは近くアラブ首脳会議が予定されている。首脳会議は昨春に開かれるはずだったが、「アラブの春」などを理由に延期されていた。イラク政府はこれを内外に治安回復をアピールする機会としようとしており、こうしたタイミングを狙ったテロとみられる。

語彙

1　イラク①

　名詞：西南アジア、チグリス?ユーフラテス両河の流域にある共和国。古代文明の発祥地。アッバース朝の本拠地で、イスラム文化の中心の一。第一次大戦後イギリスの委任統治領、1932年独立、58年共和制。住民はアラブ人およびクルド人。面積43万8千平方キロメートル。人口2045万(1995)。首都バグダッド。/伊拉克

2　首都(しゅと)①②
　　名詞:その国の中央政府の所在地。/首都
3　爆弾(ばくだん)⓪
　　名詞:爆薬を中に詰め、爆発させて敵を攻撃する兵器。/炸弾
4　相次ぐ(あいつぐ)①
　　動詞:引き続いて起こる。/相继发生
5　爆発(ばくはつ)⓪
　　サ変動詞:化学(物理)反応が急激に進む結果、圧力が異常に高まり、音(光・熱)を伴って破壊作用を起こすこと。たまっていた物などが一度に外に現われる意にも用いられる。/爆炸,爆发
6　少なくとも(すくなくとも)③②
　　副詞:客観的な事情を考慮しながら、最小限(最低限)について見積もったり 言及したりすることを表わす。/至少,最低
7　通信(つうしん)⓪
　　名詞サ変動詞:様子を知らせる手紙。郵便・電信・電話などで情報を交換し、連絡をとること。/通信,电信
8　治安(ちあん)⓪
　　名詞:庶民の日常生活の安全が保障される程度に、騒乱・犯罪などの予防措置がとられている状態。/治安
9　警察(けいさつ)⓪
　　名詞:社会公共の秩序を維持し、国民の生命・財産を保護することを目的とする国家の行政上の機能。また、その機能を持つ行政機関。/警察
10　イスラム教(いすらむきょう)⓪
　　名詞:七世紀の初めに創始され、中東・北アフリカ2インドネシア・中央アジアなどに広く行われている宗教。唯一の神アラーを信仰する。開祖はマホメット。回教。
　　/伊斯兰教,回教

11　シーア派③
　名詞:スンニー派(→別項)とともにイスラム教を二分する分派。もともとのアラビア語はシーアト・アリーで「アリーの党派」の意。アリーは、預言者ムハンマドの従兄弟で女婿。後に第四代正統カリフ(ムハンマドの後継者)となったが、ムハンマドの直接の後継者、つまり初代カリフになることができなかった。この不遇のアリーの回りに集まった人たちが「アリーの党派」とよばれ、スンニー派に対立する宗教・政治分派を形成することになった。シーア派は教義上、アリーとその子孫をイマーム(神的存在の最高指導者)とあがめることで、スンニー派と区別される。最大宗派は一二イマーム派でイランの国教。レバノンのシーア派も同宗派。イスラム教に関する豊富な学識(フィクフ)を積み、一二イマーム派の最高宗教権威をマルジャ・エ・タグリード(模倣の源)という。また、この他の宗派としては、インド、パキスタンに多いイスマイール派(七イマーム派)などがある。/什叶派

12　市民(しみん)①
　名詞:その都市の住民。/市民,公民,资产阶级

13　一斉(いっせい)⓪
　副詞:一緒に同じような行動をとったり 一時に同一の状態を呈したり することを表わす。/一斉,普遍

14　攻撃(こうげき)⓪
　名詞サ変動詞:戦闘・試合・論争などで相手方を攻めること。/攻击,抨击,击球

15　最大(さいだい)⓪
　名詞:ある範囲条件を満たすものの中で、最も大きいこと。/最大

16　被害(ひがい)①
　名詞:損害(危害)を受けること。また、その損害。/受害,受灾

17　巡礼(じゅんれい)⓪
　名詞:幾つかの決められた聖地や霊場を順次に参拝して歩くこと。/巡礼,朝拜圣地

18　延期(えんき)⓪
　名詞サ変動詞:ある事を行う場合に予定の期日や時刻を遅らせる長く延ばすこと。

/延期,展望

19 　回復(かいふく)⓪
名詞サ変動詞:力が付いたり 手当てが行われたり して、病人や けが人が健康状態に戻ること。/恢复,挽回

20 　アピール②
名詞サ変動詞:何かを主張して、世論や大衆・当局者に呼びかけること。また、その訴え。審判に抗議すること。相手を動かす魅力を持っていること。/呼吁,有魅力

文法項目

1 　～可能性が高い
接続:动词连体形+可能性が高い
意味:表示发生某事的可能性很高
例文:
○このままでは、物価が上がりつつある可能性が高い。
○彼が今度こんなに頑張ったので、合格する可能性が高い。
○今年はほとんどアルバイトをしなかったため、生活は苦しくなる可能性が高い。
○いつも仲良い二人は、もう付き合った可能性が高い。
○申込者が少ないから、入社条件は下がる可能性が高い。

2 　～を～とする
接続:名词+を+名词+とする
意味:把前项当做后项
例文:
○王さんを一番いい友達として李さんに紹介しました。
○写真を一番大切なものとして箱に置いた。
○朝寝坊して、昼ご飯を朝ご飯として食べた。
○急いで、お茶をお酒として乾杯しましょう。

○この本を教科書として授業をした。

3 〜を〜とみられる
接続:名詞+を+名詞+とみられる
意味:前項被看做后项
例文:
○この薬をジュースと見られます。
○教師を父親と見られます。
○トマトを果物と見られます。
○女を男と同じ労働者と見られます。
○眼鏡を不可欠のものと見られます。

練習問題

問題1 次の言葉の使い方として最もよいものを、1・2・3・4から一つ選びなさい。

問1 爆発
1 鉱山でガス爆発が起こった。
2 あれは歴史小説の中の爆発である。
3 こんどの選挙には爆発が多い。
4 爆発で飛ばされる。

問2 少なくとも
1 うれしいこと少なくとの1か月でした。
2 少なくともこれだけは覚えてください。
3 からだを少なくとも。
4 新聞の少なくともを作る。

問題2 次の文の( )に入れるのに最もよいものを、1・2・3・4から一つ選びなさい。

問1 能力試験に合格することができたのは先生の(   )です。ありがとうございま

した。
　　　　　1　ため　　　　2　せい　　　　3　おかげ　　　　4　から
問2　姉は出張する(　　)に、いろいろなお土産を買ってきてくれました。
　　　　　1　たび　　　　2　つもり　　　3　ところ　　　　4　かぎり
問3　あのメーカーのデジカメは値段は(　　)、品質がよくない。
　　　　　1　なおさら　　2　ともかく　　3　なにしろ　　　4　なるほど
問4　実際にやってみないことには、(　　)。
　　　　　1　できないことはない　　　　2　最後までやりぬくべきだ
　　　　　3　難しいかどうかわからない　4　難しくないことがわかる
問5　夜空を仰ぎ(　　)胸いっぱい空気を吸い込んだ。。
　　　　　1　ながらも　　2　つつも　　　3　つつ　　　　　4　次第

問題3　次の文の＿★＿に入る最もよいものを、1・2・3・4から一つ選びなさい。
　問1　彼に＿＿＿＿＿★＿＿＿＿＿＿＿＿＿。
　　　　　1　一斉に　　　2　攻撃を　　　3　向かって　　　4　加えた
　問2　琵琶湖は＿＿＿＿＿＿＿＿＿★＿＿＿＿。
　　　　　1　の　　　　　2　湖だ　　　　3　最大　　　　　4　日本
　問3　景気＿＿＿＿＿★＿＿＿＿＿＿＿＿＿。
　　　　　1　はやかった　2　が　　　　　3　回復　　　　　4　の

読解

山本　太郎　様　　　　20××年7月吉日
お茶菓子株式会社　営業部　お客様　係
田中　緑

当社商品へのご質問について

拝啓　盛夏の候、ますますご健勝のこととお喜び申し上げます。
このたびは、当社の新商品「ティータイム・キュータイム」についてお問い合わせをいた

だき、ありがとうございました。
　この商品は、毎日のおやつとして開発したもので、とくに紅茶とともに召し上がっていただきたいクッキーです。
　「ティータイム・キュータイム」という名前は、ティータイムつまりお茶の時間と、キュータイムを組み合わせました。キュータイムは、仕事や勉強の休み時間、休むという漢字はキュウと読み、休憩、休息、休暇という言葉もあるので、それを名前にしました。
　当社商品の名前に関心をお寄せいただきまして有難うございました。「ティータイム・キュータイム」を一箱同封いたします。どうぞ、お茶の友としてご試食ください。
　今後ともよろしくお願い申し上げます。
　　敬具

問1　この手紙を書いたのはだれか。
　　　1　山本太郎
　　　2　敬具
　　　3　田中緑
　　　4　お茶菓子株式会社の社長

問2　この手紙はもらった手紙への返事である。もらった手紙には、どんなことが書いてあったか。
　　　1　「ティータイム・キュータイム」の味について聞きたい。
　　　2　「ティータイム・キュータイム」の値段について聞きたい。
　　　3　「ティータイム・キュータイム」の名前について聞きたい。
　　　4　「ティータイム・キュータイム」を売っている店について聞きたい。

問3　この手紙とともに送られてくるものは何か。
　　　1　「ティータイム・キュータイム」というお菓子
　　　2　お茶菓子株式会社の会社案内
　　　3　紅茶
　　　4　お茶

答え　1と2　3と3　113　331

【考えながら読もう】
1　世界最先端の地殻変動観測網を構築する国はどの国か。
2　この地殻変動観測網を構築すると、どのぐらいかかるか。
3　地殻変動観測網を構築するのは、どんな意味があるか。

第十四課　世界最先端の地殻変動観測網を構築

　地殻変動観測などを行う「中国大陸構造環境モニタリングネットワーク」がこのほど、国家発展改革委員会による国家検収に合格した。検収委員会は「規模、精度という点から見て、同ネットワークは米国のPBO、日本のGEONETと共に、最先端の性能を持つ世界3大地殻変動観測ネットワークの1つとなった」との見方を示した。科技日報が14日報じた。中国地震局の陳建民局長によると、同ネットワークは約4年間、5億元以上をかけて構築されたもので、第11次五カ年計画期(2006~2010)における国家重大科技インフラ建設プロジェクトの1つ。中国地震局を筆頭に、中国人民解放軍総参謀部測量航法局、中国科学院、国家測量地理情報局、中国気象局、教育部の6部門により共同で実施された。

　プロジェクトでは、GNSS(全地球航法衛星システム)測量を主とし、VLBI(超長基線電波干渉法)・SLR(衛星レーザ測距)などの技術を補助的に活用し、さらに精密重力、水準測量などの技術を組合せ、最終的に計260カ所の連続観測点、計2000カ所の不定期観測点を持つ観測網を構築した。同観測網は中国大陸をカバーし、高精度・高時間分解能・高空間分解能で、独自のデータ処理システムを持つ。

　同ネットワークは主に中国大陸の地殻変動、重力場の形状および変化、対流圏における水蒸気含有量の変化、電離層におけるイオン濃度の変化のモニタリングに使われ、地殻の時空間変動の規律、構造変形の三次元的特徴、地震直前における地殻の時空間変動の特徴、大地測量基準システムの構築とメンテナンス、増水期暴雨の大規模な水蒸気輸送モデル、中国上空の電離圏動態変化画像、宇宙天気などの問題研究に向け、基礎的な資料などを提供する。

語彙

1. 地殻(ちかく)⓪
    名詞:地球の中心部にある、高熱・高圧の部分。地球の外側の堅い部分。/地壳

2. 変動(へんどう)⓪
    名詞サ変动词:比較的短い期間に激しく変わること。/变动,波动,改变

3. 観測(かんそく)⓪
    名詞サ変动词:自然現象を観察・測定し、その推移?変化について調べること。いろいろなデータから物事の成行き(移り変り)について、多分そうなるだろうと見当を付けること。/观测,观察

4. 検収(けんしゅう)⓪
    名詞サ変动词:納品された品が注文通りであることを確かめた上で受け取ること。/验收

5. 先端(せんたん)⓪
    名詞:長く伸びた物の はし。/顶端,尖端

6. 構築(こうちく)⓪
    名詞サ変动词:しっかりした基礎の上に、すぐ壊れることが無いように、複雑に入り組んだ構造・配置を持つ一まとまりを作り上げること。/构筑,建筑

7. 計画(けいかく)⓪
    名詞サ変动词:ある事を行うために、あらかじめその方法・手順などを考えること。/计划,规划

8. 重大(じゅうだい)⓪
    名詞:当面の事態をうまく乗り切れ(処理出来)ないと、そのものの存立に決定的な影響を与えるものと考えられる様子。その事件・事故の及ぼす社会的影響が広範囲にわたっていたり その過失・失敗の当事者にもたらす結果がきわめて深刻であったりする様子。/重大,重要

9. 共同(きょうどう)⓪
    名詞:二人以上の人が仕事を一緒にすること。二人以上の人が同資格・同条件で関係す

ること。/共同

10 実施(じっし)⓪
名詞サ変动词:法律・制度・計画などを実際に行うこと。/实施,实行

11 技術(ぎじゅつ)①
名詞:人間の生活に役立たせるために、その時代の最新の知識に基づいて知恵を働かせ様ざまなくふうをして物を作ったり 加工したり 操作したり する手段。/技术,工艺

12 補助(ほじょ)①
名詞:機能の不足分を補完するために何か他の材料・方法を採用すること。/补助

13 活用(かつよう)⓪
名詞サ変动词:そのものが本来持っている働きを活(イ)かして使うこと。/有效地利用,词尾变形

14 精密(せいみつ)⓪
名詞:不正確な点が少しも無いように何かをする様子。/精密,细致,精细

15 重力(じゅうりょく)①
体言:地球上の物体が地球の中心へ向かって引きつけられる力。/重力

16 組合せる(くみあわせる)⑤
名詞:二つ以上のものを合わせて、一そろい一緒に行動する単位にする。/编在一起,配合

17 電離(でんり)⓪
名詞:電解質の溶液の中で、分子が陰陽のイオンに分かれること。/电离

18 大規模(だいきぼ)③
形容动词:規模が大きいこと(様子)。/大规模,规模宏大

19 水蒸気(すいじょうき)③
名詞:水が蒸発して気体となったもの。/水蒸气

20 画像(がぞう)⓪
名詞:絵にかいた肖像。「絵像」とも書く。/画像,肖像,图像

文法項目

1 ～とともに

接続：名詞+とともに/动词・形容词的终止形+とともに

意味：表示后项随着前项的变化而变化，或者表示后项在前项变化的同时也跟着发生变化。译成，随着……

例文：
○日が暮れるとともに、町は活気を現した。
○年を取るとともに、体力も減退していく。
○外国の生活に慣れるとともに、寂しい感じが無くなった。
○都市では人口の増加とともに、住宅問題や交通問題も深刻化している。

意味：也可以表示在同一时间里，一边做前项一边做后项或同时具备前后两项特征。译成：一边……一边……，或者译成：既……又……

○田中さんは家族とともに、ニューヨークにいったらしい。
○卒業して学校を去ることは嬉しいとともに、寂しかった。
○結婚して幸せとともに、責任感も強く感じている。
○彼は俳優であるとともに、有名な歌手でもある。
○木村さんは大学で法学を習うとともに、パン屋でアルバイトをしている。

2 ～における/～において/～においては/～においても/～においての

接続：名詞+における/において/においては/においても/においての

意味：表示在某时间，场所，范围，领域内做后项的事情。译成，在……

例文：
○大会は東京において、一週間開かれた。
○この商品は機能だけでなく、品質においても優れている。
○1988年にこの競技場において、世界卓球大会が開催された。
○当時においては、海外旅行など夢のようなことだった。
○中国における経済発展は世界で目覚しいものがある。

3　～に向け/～向けだ/～向けに/～向けの
　　接続：名词+に向け/向けだ/向けに/向けの
　　意味：表示面向……，以……为对象，为适应
　　例文：
　　○この映画は大人向けなので、子供は見てもつまらない。
　　○高齢者に向け、段差のない住宅が売り出されている。
　　○若者向けの車では、特にデザインがメーカーに重視されている。
　　○最近は若い母親向けの子育ての雑誌が多く出版されている。
　　○これは子供向けに書かれた本だが、大人にも面白い。

練習問題

問題1　次の言葉の使い方として最もよいものを、1・2・3・4から一つ選びなさい。
　　問1　観測
　　　　1　ドイツに留学する友人を観測する。
　　　　2　新婚のご観測はいかがですか。
　　　　3　車が観測車線について遅く走っている。
　　　　4　政局の変化を観測する。
　　問2　先端
　　　　1　時代の先端を行く。
　　　　2　先端機で石炭を洗う。
　　　　3　先端を開く。
　　　　4　このものはいい先端設備だ。

問題2　次の文の(　　)に入れるのに最もよいものを、1・2・3・4から一つ選びなさい。
　　問1　これはお母さんに似合わないですよ。若い少女(　　)のデザインですから
　　　　1　むく　　　2　むき　　　3　むける　　4　にあう
　　問2　この新しい製品はヨーロッパに(　　)もので、アジア人はあまり気に入らないと

思う。
　　　　1　むけた　　2　むきに　　3　関した　　4　代わった
問3　これから主人と(　　)新しい家庭を築いていくつもりだ。
　　　　1　ながらに　2　ぐらいに　3　ともに　　4　ために
問4　年月がたつに(　　)その事件は忘れられていった。
　　　　1　よって　　2　つれて　　3　よもに　　4　おうじて
問5　社会の発展を遂げる(　　)自然保護の問題を考えなければならない。
　　　　1　によって　2　にたいして　3　とともに　4　にちがって

問題3　次の文の＿★＿に入る最もよいものを、1・2・3・4から一つ選びなさい。
問1　この会社は毎年＿＿＿　＿★＿　＿＿＿　＿＿＿。
　　　　1　技術　　　2　新しい　　3　を　　　　4　開発する
問2　人の＿＿＿　＿＿＿　＿★＿　＿＿＿。
　　　　1　する　　　2　生活　　　3　受けて　　4　補助を
問3　重大＿＿＿　＿★＿　＿＿＿　＿＿＿。
　　　　1　声明　　　2　を　　　　3　発表　　　4　する

読解
インターネットでの評価

インターネットという言葉が知られるようになって長い年月がたった。

毎日、eメールを送受信し、また、何かについて調べたいとき、まずネットで調べてみるという人も多くなった。

それに、調べだけではなく、自ら情報を発信しようという人もいて、ネット上の掲示板やブログには常に多くの情報があふれている。

そこに目を付けたのが、いろいろな企業である。各企業は、自分の会社の製品やサービスについて、それを使っている人がどう思っているか、__(2)__、消費者が自分の会社の商品を良いと思っているか、改善点はないか、などの情報をネット上の声を通じて得ようと

している。

インターネット検索は、キーワードや製品名を入力すれば、それをふくむ情報をたくさん見つけることができて便利である。しかし、そのキーワードによっては、情報が多すぎて、それを全部調べるのは大変である。

そこで、企業にとって役に立つ情報を選び出し、提供できるようなソフトウェアが開発された。その中には、ある製品が「よい」と評価されているか「わるい」と評価されているかを分けて知らせるソフトもある。

たとえば、「いい」「すばらしい」などの言葉があればよいほうのグループへ、「わるい」「ひどい」などのことばがあれば、わるいほうのグループに分けるようなシステムだ。

けれども、問題もある。たとえば、「～はよいが、～はわるい」という情報があった場合、それは「よい」のか「わるい」のか、わけるにはむずかしい。

結局、人の発した言葉を機械的にソフトで分類するためには、まだまだ多くの問題を解決していかなければならない。

問1　企業はインターネットを通じて、何をしようと考えているか。
　　1　商品の宣伝をしようとしている。
　　2　利用者同士の情報交換をさせようとしている。
　　3　商品についての利用者の意見を集めようとしている。
　　4　売り上げを伸ばそうとしている。

問2　文章中の(2)に入る言葉はどれか。
　　1　その上　　　2　つまり　　　3　けれども　　4　結局

問3　文章の内容として合うものはどれか。
　　1　インターネットの掲示板には、ある製品がいいか悪いかだけ書かなければならない。
　　2　インターネット上の情報を分析するソフトウェアには、まだ課題がある。
　　3　インターネット上の情報を分析するためのソフトウェアは、まだ作られていない。
　　4　インターネットは、限られた人にしか使われていない。

答え　41　23323　122　322

【考えながら読もう】
1 清明節を際して、中国人は何をするか。
2 今度、墓参り方はどのようなやり方か。
3 筆者が何を言いたいか。

第十五課　北京で清明節の墓参りの最初のピーク

　北京は24日、清明節の墓参りの最初のピークを迎え、20カ所ある市の共同墓地に市民万8000人が訪れた。北京日報が伝えた。

　今週末は清明節連休前の最後の公休日で、来週末は振り替えで平日扱いとなるため、くの市民がこの日を選び墓参りをした。午後5時までに20カ所ある市の共同墓地に市8万8000人が訪れ、車両数は1万6000台に上った。このうち八宝山地区には1万6800が訪れ、車両数は2010台に上った。

　昨日午前8時10分にはすでに、多くの市民が花などを手に八宝山地下鉄駅から八宝人民共同墓地へ向かっていた。ある市民は、連休の3日間はもっと多くの人が訪れるはなので、早めに来たと話していた。

語彙

1　清明 (せいめい)⓪
　名词：二十四(節)気の一。陽暦四月五日ごろ。清新明暢(メイチョウ)の気が充満する時分の意。/清明节
2　墓参り(はかまいり)⓪
　名词：墓へまいって拝むこと。/扫墓,上坟
3　最初 (さいしょ)⓪
　名词：順序関係において、同類のどれよりも前であることを表わす。/最初,起初,开始
4　墓地(ぼち)①
　名词：死人を埋葬するように定められた地域。/墓地,坟地

5　連休(れんきゅう)⓪
　　名詞:日曜・祝日などの休みの日が続くこと。また、その連続する休日。/连续的假日

6　最後(さいご)①
　　名詞:幾つか続いているものの最もあと(うしろ)に在ること(もの)。もう あとが無いこと。おしまい。/最后,一旦

7　公休(こうきゅう)⓪
　　名詞:与えられた権利として、休日・祝日のほかに認められる休み。同業者が申し合わせて休む日。/休假日,公休

8　来週末(らいしゅうまつ)⑤
　　名詞:次の週末。/下周末

9　平日(へいじつ)⓪
　　名詞:日曜・祝祭日以外の日。ウイークデー。/平常,平日

10　扱う(あつかう)⓪④③
　　動詞:手で持ったり動かしたりして使う。自分の仕事の範囲として、管理をしたり売買したりする。特定の態度で待遇する。/对待,处理,使用,经营

11　車両(しゃりょう)⓪
　　名詞:汽車・電車や自動車などの車体・車台に車輪を含めた全体の称。/车辆,辆

12　地区(ちく)①②
　　名詞:ある目的のために特に指定された一定の地域。/地区

13　昨日(さくじつ)②
　　名詞:きょうの一日前の日。/昨日

14　地下鉄(ちかてつ)⓪
　　名詞:大都市の地下にトンネルを作って敷設した鉄道。メトロ。/地下铁道,地铁

15　速め(はやめ)③
　　形容動詞:速くする。予定より早く、その時期・時刻が来るようにする。/提前,早些

文法項目

1 用言中頓法

接続:動詞連用形ます形/形容词词尾い变く/形容动词词干+で

意味:表示承上启下的作用

例文:

○多くの市民がこの日を選び墓参りをした。

○冬休みが終わり、いよいよ新学期が始まりました。

○昨日、デパートへ行き、マフラーを買い、コーヒーを飲んで帰りました。

○山は高く、水は深い。

○この辺は静かできれいです。

2 ～までに

接続:时间名词+までに

意味:表示动作结束或开始的最后期限,相当于汉语中的"最迟……以前"

例文:

○再来週の金曜日までに返してください。

○急げば、十二時までには着くでしょう。

○この辞書は来週の水曜日までに返してください。

○レポートはあさってまでに出しなさい。

如果表示动作,作用,状态所持续的时间范围的界限要用「まで」。后续的动词往往是持续意义的动词,相当于汉语中的"继续到……"

○雨がやむまで待ちましょう。

○来月まで工場へ通います。

○午後五時まで学校にいます。

練習問題

問題1 次の言葉の使い方として最もよいものを、1・2・3・4から一つ選びなさい。

問1　最後
1　最後までおつきあいする。
2　親の最後にかけつける。
3　悲惨な最後をとげた。
4　恥ずべき最後をとげた。

問2　扱う
1　人を冷たく扱う。
2　英語を上手に扱う。
3　人形を扱う。
4　外国語を自由に扱う。

問題2 次の文の(　　)に入れるのに最もよいものを、1・2・3・4から一つ選びなさい。

問1　山は(　　)、水は深い。
　　1　高く　　2　高くて　　3　高い　　4　高いで

問2　この辺は静か(　　)、きれいです。
　　1　で　　2　に　　3　な　　4　だ

問3　急げば、十二時(　　)は着くでしょう。
　　1　までに　　2　まで　　3　で　　4　までで

問4　雨がやむ(　　)待ちましょう。
　　1　まで　　2　までに　　3　に　　4　と

問5　天気がいい(　　)、お花見に出かけました。
　　1　で　　2　ので　　3　のに　　4　のです

問題3 次の文の＿＿★＿＿に入る最もよいものを、1・2・3・4から一つ選びなさい。

問1　この地下鉄は＿＿＿＿　＿＿★＿＿　＿＿＿＿　＿＿＿＿。

　　　　1　通り　　2　を　　　3　北京駅　　4　ますか

問2　もちろん早めに____ ____ ★ ____。

　　　　1　なお　　2　くれれば　　3　いい　　4　来て

問3　____ ★ ____ ____通行止めです。

　　　　1　この　　2　通り　　3　車両　　4　はう

読解

約束に遅れたら～

　親しい友人とショッピングをするために、駅で待ち合わせをしました。あなたは10分遅れました。さて、どうしますか？

①走って、友達のところへ行って謝る。

②走らず、友達のところへ行き、いつもどおりに挨拶する。特に謝らない。

　時間は数字ですから、客観的と思われますが、時間に対する感覚は、各文化によって違います。日本人の多くの人は、「走って友達のところへ行って謝る」を選ぶでしょう。（中略）また、遅れる理由があっても、まずは謝り、その後、理由を説明するという順番になります。

　一方、10分という時間はそんなに長い時間でもないし、それは誤差のうちと考える人たちもいます。親しい友人同士で、10分や20分で目くじらを立てるのは心が狭いと考えます。

　また、走らないのは周囲の人から見て自分が走ることは格好がよくないと考えます。自分が格好よくないことをすれば、待っている友人にも恥ずかしい思いをさせるだろうと考えて走らないという考え方もあります。

　時間をどのように感じ、どのように行動するかも、文化によって異なり、ある文化で「良い」ことがほかの文化では「良くない」ことになることも少なくありません。

　さて、友達の家で午後7時からパーティーがあるとき、あなたは何時に行きますか？文化によって、答えは様々です。10分に行く人から午後10時に行く人まで答えも様々ですが、その理由も様々なのが文化の面白いところです。外国に行ったときは、その国ではど

のような時間感覚で人々が行動しているか、を確認するといいでしょう。

問1　目くじらを立てるとは、どのような意味か。
　　1　クジラの目が立っている。
　　2　目にクジラのような模様が見える。
　　3　目の端をあげて怒っている。
　　4　目くじらという名前のサインを立てている。

問2　心が狭い人とは、どのような人か。
　　1　あまり走らない人
　　2　痩せていて、病気になりやすい人
　　3　自分の親しい人
　　4　何かを許すことができない人

問3　文章の内容と合っているものは、どれか。
　　1　約束に遅れたら、理由があってもまずは謝り、その後、理由を説明することが、どの国でも一番いい方法である。
　　2　約束に遅れたら、走って待っている友人のところへ行くのがよい。
　　3　午後7時から始まるパーティーに、7時10分に行くのが礼儀だと思う人もいれば、それが失礼なことだと思う人もいる。
　　4　どの国の人も、親しい友人同士の約束なら、時間に遅れてもあまり気にしない。

【考えながら読もう】
1　この情報は国家食品薬品監管局の行動か、その計画か。
2　「小中高校周辺の飲食サービス業者を対象に食品の安全性の隠れたリスク」とあるが、何の意味か。
3　「飲食サービスの食品の安全性に関する重点的取り組み」とあるが、何を指すか。

第十六課　けしがらの添加など違法行為を厳しく取締りへ

　国家食品薬品監管局はこのほど、飲食サービスの食品の安全性に関する重点的取り組み計画を発表。食品の安全性に関する責任を徹底し、監督や取締りを規範化し、不作為、不徹底、職権濫用など取締り時の問題を厳しく処分し、飲食サービスの食品の安全性への監督・管理水準を一層高める方針を打ち出した。

　鍋スープ、飲料、調味料メーカーへの監督・管理を強化し、けしがら、けしの粉、スーダンレッド、抗生物質などの違法添加物を厳しく取り締まる。食品添加物の過剰使用への取締りを強化し、食品添加物の調達・保存・使用を厳格に規範化する。食品添加物の報告・公表・保証・原料表示などの実施状況への監督・検査を強化し、規定に沿った表示をしない、速やかに報告・公表しない、保証内容を公開しないなどのケースについては、期限内の改善を指示し、監督・検査の頻度を増やす。業界の「裏ルール」問題をしらみつぶしに調査し、厳しく整理し、地域的、構造的な食品安全リスクを断固防止する。

　教育当局と合同で小中高校周辺の飲食サービス業者を対象に食品の安全性の隠れたリスクをしらみつぶしに調べ、飲食サービス許可証がない業者、従業員の健康証明がない業者、衛生条件が基準に達していない業者を重点的に取り締まる。年内に各種学校の食堂で食品の安全性監督に対する数量化・等級化管理を始動し、専任の食品安全管理職員を配置する。

語彙

1. **薬品(やくひん)⓪**
   名词:化学的変化を起こさせるために作った、固体・液体など。/药,药物

2. **取り組む(とりくむ)③④**
   动词:相手を倒すため、互いに相手のからだに手をかけて身構える。試合をするために、ある相手と組み合わせられる。解決・処理するため、一生懸命にとりかかる。
   /交手,努力

3. **取締る(とりしまる)④⑤⓪**
   动词:不都合や違反行為が無いように監督(監視)する。/管束,取缔

4. **規範(きはん)⓪**
   名词:その社会で それに従うことが求められる行動などの型。/规范,模范,标准

5. **作為(さくい)①**
   名词:見せかけのために手を加えること。こしらえごと。法律で何かを行うこと。行為。
   /做作,作为

6. **職権(しょっけん)⓪**
   名词:自分の職務を行うために用いることが許される権利。/职权

7. **濫用(らんよう)⓪**
   名词サ変动词:一定の基準や限度を超えて勝手(やたら)に使うこと。/滥用

8. **一層(いっそう)⓪**
   副词:他のものよりこのものの方が、前の状態より今度の方が明らかに程度が進んでいることを表わす。/越发

9. **監督(かんとく)⓪**
   名词サ変动词:その人の指示の通りに相手が行動するように督励すること。狭義では、映画の直接担当製作者や舞台の監督を、スポーツ チームの直接の指導者、作戦の指揮者や現場監督などを指す。/监督,管理,导演,领队

10. **添加物(てんかぶつ)③**
    名词:本質的には必ずしも必要でない物を加えることによって、一定の効果を生み出

そうとすること。/添加物

11 過剰(かじょう)⓪
名词:必要な程度を超えていること。/过剩,过量

12 調達(ちょうたつ)⓪
名词:必要な資金や物資を集めて来ること。/筹措,置办

13 保存(ほぞん)⓪
名词サ変动词:使用済みの物を捨てたり無くしたりしないで、取っておくこと。/保存

14 裏ルール(うらルール)③
名词:隠されていて、表から見えないルール/潜规则,行业内幕

15 周辺(しゅうへん)⓪
名词:中心から離れた、まわりの方。/周边

16 許可証(きょかしょう)③
名词:許可したことを証明する書類や証票。/许可证

17 配置(はいち)⓪
名词サ変动词:人を、組織のある地位・役につけること。/配置,安置,布置

文法項目

1 ～への
接続:名词+への+名词
意味:表示以什么为目标或对象的,做定语修饰后面的名词,类似的用法还有からの,表示从哪里得到的
例文:
○父親への手紙を書いておきました。
○北京の叔父への電話をかけた。
○王さんからのプレゼントだ。
○母からのお土産を人に贈る。

○恋人への告白をして見ましょう。

2 ～について

接続：名词+について/名词+についての

意味：在句中做状语,表示"关于"

例文：

○インタビューについて相談しています。

○料理についてわたしは全然分かりません。

○今日は公害について話したいです。

○あの方の家族については詳しいことはあまり知りません。

○公害についての本を借りました。

練習問題

問題1 次の言葉の使い方として最もよいものを、1・2・3・4から一つ選びなさい。

問1 取り組む
1 この小説はうまく取り組んである。
2 仕事に真剣に取り組む。
3 彼はアフリカ航路の汽船に取り組んでいる。
4 後半になると話の筋がたいそう取り組んでくる。

問2 一層
1 ご同伴願えれば一層都合がよい。
2 敵を一層する。
3 一層歩いて行ったらどうでしょう。
4 一層のこと思い切って打ち明けようか。

問題2 次の文の(　)に入れるのに最もよいものを、1・2・3・4から一つ選びなさい。

問1 今年、交通事故に(　)死者の数は一万人を超えたそうだ。

　　　　　1　対する　　　2　あたる　　　3　基づく　　　4　よる
問2　代表で試合に出ることになった。あまり自信が無いが、出る(　　)勝ちたい。
　　　　　1　にかかわりなく　　　　　2　からには
　　　　　3　につけては　　　　　　　4　ことだから
問3　お爺さんは買い物の途中、転んで骨折りしてしまった。年を取った(　　)、回復が遅いのではないかと心配だ。
　　　　　1　ぐらいに　　2　ほどに　　　3　とたんに　　4　だけに
問4　雨にもかかわらず、フランスが大勢集まっている(　　)、彼の人気のすごさが分かる。
　　　　　1　ものから　　2　ことから　　3　ことだから　4　くせで
問5　天気が悪い(　　)どうか分からないが、どうも体の調子が変だ。
　　　　　1　せいか　　　2　ことか　　　3　ものか　　　4　ばかりか

問題3　次の文の＿＿＿★＿＿＿に入る最もよいものを、1・2・3・4から一つ選びなさい。
問1　議長の職権＿＿＿　＿＿★＿＿　＿＿＿＿　＿＿＿＿。
　　　　　1　退場を　　2　あなたに　　3　命ずる　　　4　により
問2　いろいろさくい＿＿＿　＿＿★＿＿　＿＿＿＿。
　　　　　1　不　　　　2　すると　　　3　自然に　　　4　なる
問3　過剰＿＿＿　＿＿★＿＿　＿＿＿＿　＿＿＿＿社長である。
　　　　　1　苦しむ　　2　のは　　　　3　に　　　　　4　人員

読解

ハロウィンと七夕

　10月31日はハロウィンです。皆さんの国ではこの日、どんなことをしますか。ハロウィンは、もともと2000年以上前のケルト人の宗教的行事だったそうです。ハロウィンには、かぼちゃをくりぬいて作った提灯を持ったこどもたちが、近所の家を回ります。そして、「Trick or treat」(お菓子をくれないと、いたずらしちゃうぞ!)と言って、お菓子をもらいま

す。最近、日本では、10月が近くなるころから、ハロウィンの飾り付けをしたお店や、ハロウィンに関連した商品が売り出されるのを見かけることも多くなりました。昔は、日本では、あまりなじみのない行事でしたが、近頃では、仮装パーティーをするなど、定着しているようです。

　ところで、北海道函館市ですが、海の幸がおいしくて、夜景がとてもきれいな町として有名です。この町に引っ越してきた人がまず驚くのが、七夕です。はなればなれに暮らしている彦星と織姫が1年に1回会うのを許される日、それが七夕です。この日、一般的に、願いごとを書いた短冊を竹に飾ることが行われます。しかしながら、函館の七夕は少し違います。浴衣姿の子供たちが、家々を回って『竹に短冊　七夕まつり　大いに祝おう　ろうそく1本ちょうだいな』と歌います。そして、子供たちが歌い終わったら、その家の人は子供たちにお菓子をあげます。この様子、何かの行事に似ていませんか。かぼちゃは持っていませんが、特別な言葉を言ってお菓子をもらうところは、ハロウィンにそっくりです。これは函館市だけではなく、北海道各地で行われているようですが、日本のほかの地方では見られません。

　問1　ハロウィンの話として、間違っているのはどれか。
　　　1　仮装パーティーをする。
　　　2　カボチャのちょうちんを持つ。
　　　3　浴衣を着た子供たちが、歌を歌う。
　　　4　Trick or treat と言う。
　問2　七夕の話として、間違っているのはどれか。
　　　1　竹に願い事を飾る。
　　　2　Trick or treatと言う。
　　　3　浴衣を着て、家々を回る。
　　　4　彦星と織姫が合う。
　問3　函館の七夕とハロウィンの共通点は何か。
　　　1　子供たちが、短冊に願い事を書く。
　　　2　子供たちが、家々を回ってお菓子をもらう。

3 子供たちが、かぼちゃのちょうちんを持って歩く。
4 子供たちが、浴衣を着る。

【考えながら読もう】
1　韓国軍哨戒艦「天安」の沈没事件はいつのことか。
2　韓国軍哨戒艦「天安」の沈没事件の原因がなにか。
3　情報の中で、韓国は主に何をするつもりか。

第十七課　韓国艦沈没2年

中野晃

　韓国軍哨戒艦「天安」の沈没事件から2年を迎えた26日、犠牲となった46人の乗組員らの追悼式が、韓国中部にある国立の墓地、大田(テジョン)顕忠院であった。
　顕忠院には犠牲者の遺骨が安置されている。式には遺族や生き残った乗組員など数千人が参加した。沈没事件について米韓などは北朝鮮軍の魚雷が原因と結論づけたが、北朝鮮は今も関与を否定している。金滉植(キム・ファンシク)首相は追悼の辞で、北朝鮮が計画する「人工衛星の打ち上げ」について「国際平和と安全への重大な挑発であり、一日も早く撤回すべきだ」と力を込めた。
　李明博(イ・ミョンバク)政権は沈没事件の後、北朝鮮との交易や交流を原則禁じる措置をとった。韓国企業が北朝鮮の労働力を使って生産活動をしている開城(ケソン)工業団地を除き、南北関係は断絶したままだ。

語彙

1　哨戒(しょうかい)⓪
　　名词:敵襲を警戒すること。/巡哨,放哨
2　沈没(ちんぼつ)⓪
　　名词:(船などが)水中に沈むこと。/沉没,醉得人事不省
3　事件(じけん)①
　　名词:それぞれ別の事柄の意。「件」は分ける意（一つひとつが世間の話題になるような）出来事。/事件,案件

4　犠牲(ぎせい)⓪

名词サ変动词:ある目的のために、その人の生命や かけがえの無いものを提供すること。/牺牲,代价

5　乗組員(のりくみいん)④

名词:その船や航空機、また、宇宙船に乗り組んだ人員。/船员,机组人员

6　遺骨(いこつ)⓪

名词:火葬などにした、死者の骨。狭義では、戦死者の遺骨を指す。/遗骨,骨灰

7　遺族(いぞく)①

名词:故人の身内。/遗族,遗属

8　魚雷(ぎょらい)⓪

名词:魚形水雷/鱼雷

9　結論(けつろん)⓪②

名词:いろいろ考えた(論議した)末に、これだと決定した判断。/结论

10　否定(ひてい)⓪

名词:事実(自分の意志)ではないと言うこと。打ち消すこと。/否定

11　追悼(ついとう)⓪

名词:死者の生前の事を思い出して、その死を悲しむこと。/追悼

12　挑発(ちょうはつ)⓪

名词サ変动词:ことさらに事件や欲情を起こすようにしむけること。/挑衅,挑逗

13　撤回(てっかい)⓪

名词サ変动词:提出・公示したものを取り下げること。引っこめること。/撤回,撤销

14　措置(そち)①

名词:事務上必要な手続きを含めた、ある事態への対処のしかた。/措施

15　除く(のぞく)③⓪

动词:取りのける。/消除,除了

16　断絶(だんぜつ)⓪

名词:なんらかの点でつながりを持っていた(いることが期待される)二つの物事の

関係が全く断ち切れること。/绝灭,断绝

文法項目

1 ～を除いてほかに～ない

接続:名詞+を除いてほかに～ない

意味:除了……之外没有……,没有比……更适合的……

例文:

○同志たちよ。立ち上がるのは、今をのぞいてほかにない。

○改革開放政策を除いてほかに祖国再生の道はない。

○彼を除いてこの任務を任せられる人物はいない。

○これだけの大物のコンサートともなると、日本武士道館を除いてほかに適当な会場はないだろう。

○歴史を変えることができるのは、一人英雄の力ではなく、人民の意志を除いてほかにない。

2 ～をおいてほかに～ない

接続:名詞+をおいてほかに～ない

意味:意义和上个语法相同,也表示,除了……之外没有……,没有比……更适合的……

例文:

○同志たちよ。立ち上がるのは、今をおいてほかにない。

○改革開放政策をおいてほかに祖国再生の道はない。

○彼をおいてこの任務を任せられる人物はいない。

○これだけの大物のコンサートともなると、日本武士道館をおいてほかに適当な会場はないだろう。

○歴史を変えることができるのは、一人英雄の力ではなく、人民の意志をおいてほかにない。

3 ～まま

接続:名詞の+まま

意味:原封不动,一切照旧的……

例文:

○日本の家は、靴を履いたままあがってはいけないよ。

○報告書には私見を加えず、見たまま聞いたままを、ありのままに書いてくれ。

○鍵をかけないまま、一体どこに行ったんだろう。不用心ったらありゃしない。

○足の向くまま、気の向くままに、地球を歩いてみたい。

○友人に勧められるままに生命保険に入ったが、なんとその保険会社が倒産してしまった。

練習問題

問題1 次の言葉の使い方として最もよいものを、1・2・3・4から一つ選びなさい。

問1 犠牲
1 国のために身を犠牲にする。
2 犠牲をはる。
3 その勝利は多大の犠牲をだした。
4 自動車の排気ガスを犠牲する。

問2 挑発
1 挑発に乗るな。
2 挑発の男嫌だ。
3 車馬を挑発する。
4 床屋へ挑発に行く。

問題2 次の文の(　　)に入れるのに最もよいものを、1・2・3・4から一つ選びなさい。

問1 改革開放政策を除いて(　　)祖国再生の道はない。
　　　1 ほかに　　　2 べつに　　　3 よそ　　　4 せず

問2　椅子で座った（　　）、寝てしまった。
　　　1　まま　　　　2　また　　　　3　ふり　　4　ように
問3　今、勉強ができない（　　）、不要な一部の子供たちを「間引く」先生たちが多いようだ。
　　　1　からといって　2　きっかけに　3　上は　　4　により
問4　彼女はテニスがうまく何度も優勝している。さすが10年もやっていた（　　）。
　　　1　ばかりだ　　　　　　2　ことはない
　　　3　にちがいない　　　　4　だけのことある
問5　誰も日本語が分からない（　　）、少しは分かる私が通訳することになった。
　　　1　上で　　2　ことから　3　ばかりか　4　からに

問題3　次の文の＿★＿に入る最もよいものを、1・2・3・4から一つ選びなさい。
問1　あわてて結論＿＿＿＿　★　＿＿＿＿　＿＿＿＿。
　　　1　を　　　2　出す　　　3　必要は　　4　ない
問2　今度は私が悪いことをしたが、＿＿＿＿　＿＿＿＿　★　＿＿＿＿。
　　　1　前言　　2　撤回　　　3　する　　　4　を
問3　臨機＿＿＿＿　★　＿＿＿＿。
　　　1　応変　　2　の　　　　3　とる　　　4　措置を

読解

中学生は英語が得意？

　中学2年生に英語についての意識をたずねたところ、6割が「苦手」と感じていることがベネッセ教育研究開発センターの調査で分かった。そのうち7割近くが中1段階で苦手意識を持ち、1割強は中学入学前からすでに苦手と感じていたという。
　（中略）
　今回の調査でも小学校で英語の授業を経験したという生徒は91.4％にのぼった。そのうち、小学校の英語が「楽しかった」という生徒は70.7％。一方で、「外国や英語に興味を持っ

た」という回答は41.8%にとどまった。

今回の調査は、社会や自分の将来像についても質問。7割強の生徒が「大人になる頃には今より英語を話す必要がある社会になっている」と考えていた。

ただし、「将来外国に留学したい」と考えている生徒は20.4%、「将来英語を使う仕事をしたい」は14.6%で、それぞれ少数派。「英語を使って外国の人と話してみたい」「外国の人と友達になりたい」という生徒も半数にとどまった。

問1　数量を表す言葉について、正しいものはどれか。
　　1　1割強は、10%より多い。
　　2　4割にのぼったというのは、40%より少ない。
　　3　2割にとどまったというのは、20%よりかなり多い。
　　4　3割弱は、30%より少し多い。
問2　文章について、ただしいものはどれか。
　　1　中学2年生の約70%は、英語の勉強が楽しいと思っている。
　　2　中学2年生の約60%は、自分は英語が上手だと思っている。
　　3　中学2年生の約30%は、将来留学したいと考えている。
　　4　中学2年生の約70%は、英語を話す必要が増えると考えている。
問3　文章について、ただしいものはどれか。
　　1　英語がとても得意と答えた中学2年生は、10人のうち1人である。
　　2　英語が得意と答えた中学2年生は、約3割である。
　　3　英語がやや苦手と答えた中学2年生は、約3割である。
　　4　英語がとても苦手と答えた中学2年生は、約6割である。

【考えながら読もう】
1 イラン原油輸入に関する中国の立場は何か。
2 この情報はどの新聞が報道したのか。
3 「6月28日までにイラン原油の輸入を減少させなければ制裁を適用するという。」とあるが、どの国がどの国に制裁するか。

第十八課　中国のイラン原油輸入は合理的・合法的

　外交部の洪磊報道官は21日に行われた定例記者会見で、中国が正常なルートを通じて行うイランからの原油輸入は情理にかなったもので、合理的かつ合法的であると述べた。「人民日報」海外版が伝えた。

　洪報道官によると、中国は自国の経済発展のニーズを出発点として、正常なルートでイランから原油を輸入しており、これは情理にかなったことであり、合理的かつ合法的であり、国際連合安全保障理事会の関連決議に違反しておらず、第三国や国際社会の利益を損なってもいないという。

　洪報道官は「中国はある国がその国内法に基づいて別の国に一方的に制裁を加えることに一貫して反対しており、一方的な制裁を第三国に強制するやり方はさらに受け入れがたい」と話す。

　報道によると、米国のヒラリー・クリントン国務長官は20日に発表した声明の中でイラン産原油の輸入を大幅に減らしていることを評価し、英国、フランス、ドイツなどの欧州10カ国と日本の銀行や金融機関を、米国による対イラン制裁の適用から180日間外す方針を明らかにした。また別の報道によると、中国、インド、韓国を含む12カ国については、6月28日までにイラン原油の輸入を減少させなければ制裁を適用するという。

語彙

1　定例(ていれい)⓪
　　名詞:その社会に以前から行われているしきたり(として何事も無い時にも決まって

開かれること)。/定例,常規

2　会見(かいけん)⓪
名词サ変动词:挨拶・相談・発表などをするために公式に人に会うこと。/会见,接见

3　正常(せいじょう)⓪
名词:普通(いつも)と同じで、間違いや故障の無い様子。/正常

4　原油(げんゆ)⓪
名词:採掘したまで、まだ精製していない石油。色は薄い茶色。/原油

5　情理(じょうり)①
名词:人情と道理。/人情和道理

6　決議(けつぎ)①
名词:会議・大会などで、ある事柄を決めること。また、その決めた事柄。/决议,决定

7　違反(いはん)⓪
名词サ変动词:決められた約束・規則を破ったり 法令などに従わなかったり すること。/违反

8　加える(くわえる)④⓪
动词:前からあるものの外に、新たな要素を取り入れる大きなまとまりとする。現状を改善するそれまでの不備を補うために、なんらかの方法を講じる。その度合が今までよりも格段に強くなる。/加上,附上,増大,包含,给予

9　一貫(いっかん)⓪
副词:初めから終りまで、一つのしかた・考え方を曲げないで通すこと。/一贯

10　制裁(せいさい)⓪
名词サ変动词:守らなければならない法律・道徳や社会慣習、または仲間のとりきめなどにそむいた者に、当然受けるべきむくいとして、肉体的(精神的)苦痛を与えること。/制裁

11　大幅(おおはば)⓪④
形容动词:普通より幅の広い布。/宽幅

12　金融(きんゆう)⓪
　　名词:お金の融通をすること。/金融,信贷
13　方針(ほうしん)⓪
　　名词:羅針盤の方位を示す磁針の意ある計画を進める上の、大体の方向づけ。/方针,磁针
14　含む(ふくむ)②
　　动词:物を口の中に入れたまま、かんだり飲んだりしない状態を保つ。物を口の中に入れたまま、かんだり飲んだりしない状態を保つ。外からはそれと分からない状態で中に持つ。/含有,了解
15　適用(てきよう)⓪
　　名词サ変动词:その法律・規則などにあてはまるという扱いをすること。/适用,应用

文法項目

1　～を通じて
　　接続:名词+通じて
　　意味:通过……
　　例文:
　　○友人を通じて今の妻と知り合いました。
　　○テレビの画面を通じて、世界各地の出来事が一瞬のうちに伝えられる時代になった
　　○こうやって客観的な統計を通じてみると、経営の問題点が一目瞭然、はっきり見えてくる。
　　○インターネットを通じてのコミュニケーションには、やはり限界がある。
　　○この寺は年間を通じて参拝者が途切れない。

2　～に加える
　　接続:名词+に加える
　　意味:加上……

例文：
○家が手狭なことに加えまして子供も多く、騒々しいことこの上なしです。
○大企業の社員は賃金が高いのに加えて休暇も多い。
○日本は国土が狭いのに加えて資源も乏しく、貿易に頼らなければやっていけません。
○退職してからというもの、毎日が暇なのに加えて交際も途絶え、生きる張り合いがなくなった。
○彼女はその美貌に加えて才気煥発、その上人当たりもいい。

3 〜がたい

接続：動詞連用形ます形＋がたい

意味：很难……

例文：
○信じ難いことだが、彼は会社の金を使い込んでいたそうだ。
○彼は得難い人材だ。会社の将来は彼のような若者の肩にかかっている。
○耐え難きを耐えてこそ、忍耐と言える。
○これはちょっと言葉では表し難い珍味ですなあ。
○君の企画案は単なる思いつきに過ぎず、具体的なプランもない。これでは採用し難いね。

練習問題

問題1　次の言葉の使い方として最もよいものを、1・2・3・4から一つ選びなさい。

　問1　定例
　　　1　定例を打破する。
　　　2　定例を保つ。
　　　3　外国の会社と定例する。
　　　4　定例にはまった和歌。

　問2　決議
　　　1　院長はいま決議中です。

2　決議案を提出する。

3　決議の目でみる。

4　決議に出席する。

問題2　次の文の(　)に入れるのに最もよいものを、1・2・3・4から一つ選びなさい。

問1　あしたもし雨になる(　)大した雨じゃないでしょう。
　　　1　としても　　2　とたん　　3　のみ　　4　からは

問2　実際に付きあってみないことには、どんな人か(　)。
　　　1　付って見た　　　2　付き合ってみよう
　　　3　わからない　　　4　よくわかった

問3　この会社では1分でも遅れよう(　)首になる恐れがある。
　　　1　ものでは　　2　ものなら　　3　ことでは　　4　ことなら

問4　新聞に名前(　)出なければ、問題に起こらないだろう。
　　　1　きり　　2　すら　　3　さえ　　4　なら

問5　留学に行こう(　)お金がなくて行けない。
　　　1　としたら　　2　としても　　3　にしたら　　4　にすれば

問題3　次の文の　★　に入る最もよいものを、1・2・3・4から一つ選びなさい。

問1　首相に＿＿＿　＿★＿　＿＿＿　＿＿＿。
　　　1　入れる　　2　申し　　3　会見　　4　を

問2　今度あなたの＿＿＿　＿＿＿　＿★＿　＿＿＿。
　　　1　規則　　2　違反だ　　3　は　　4　行為

問3　世論＿＿＿　＿★＿　＿＿＿　＿＿＿。
　　　1　受ける　　2　を　　3　制裁　　4　の

読解

パソコンと利用者

　オフィスでも家庭でも、パソコンを日常的に使う人は増えている。
　パソコンは常に改良され、新しい機種が発売され続け、各社の競争も激しくなっている。そのような中、使用者(ユーザー)によく知られているパソコンメーカーは、どこだろうか、また、よく使われているパソコンはどこのメーカーの製品だろうかなど、興味のあるところである。
　そこで、今回、パソコンメーカーの認知度と実際のパソコンの使用数、パソコンの満足度の調査が行われ、次のような結果となった。
　一番知られているメーカーはA社、ユーザーが一番満足しているパソコンは、ノート部門ではB社、デスクトップ部門ではC社だった。このことから分かるように、皆が知っているからといって、そのパソコンのユーザーの満足度が高いとはいえない。また、H社のように、多くの人が使っているにもかかわらず、認知度は低いメーカーもみられた。
　詳しくは、次の表のとおりである。

項目	順位	1位	2位	3位	4位	5位
認知度		A社	D社	J社	K社	E社
使用数		A社	D社	H社	I社	B社
満足度	ノート	B社	F社	A社	D社	J社
	デスクトップ	C社	G社	D社	A社	K社

問1　そのようなとは、どのような意味か。
　　1　パソコンは、生活の一部になっている。
　　2　パソコンメーカーは、1社だけである。
　　3　どこのメーカーのパソコンが使われているか、興味が集まっている。
　　4　パソコンメーカーは、競争が激しい。

問2　文章で使われている言葉について、正しくないものはどれか。
　　1　使用者とユーザーは、同じ意味である。
　　2　満足度が高いということは、人気があるということである。

3　よく知られているということは、認知度が高いということである。
　　　4　使用数が多いということは、使っている人が多いということである。
問3　文章および表の内容と合っているものはどれか。
　　　1　認知度が高いパソコンは、ユーザーの満足度も高い。
　　　2　E社は、認知度が高く、使用数も5位までに入っている。
　　　3　使用数は多くないが、認知度あるいは満足度が上位のメーカーもある。
　　　4　すべての項目で5位までに入ったのは、A社だけである。

【考えながら読もう】
1　金正日は何者か。
2　金正日はどこで生まれたか。
3　金正日の死亡の原因は何か。

第十九課　金正日

アサヒ・コム編集部

　朝鮮民主主義人民共和国(北朝鮮)の最高指導者だった。国家を指導する朝鮮労働党の総書記であり、国防委員会のトップ(委員長)を兼ねた。

　建国の父とされる故・金日成主席の長男で、北朝鮮の公式文献は1942年2月に中朝国境の白頭山の秘密基地で生まれたとしているが、実際には故主席が旧日本軍の追討を逃れて旧ソ連軍に身を寄せていた際にソ連領で生まれたと言われる。

　74年に朝鮮労働党政治委員会に入り、父の後継者として本格的に歩み始めた。94年7月の故主席の死去後、「遺訓政治」といわれる3年間の服喪期間を経て、98年の最高人民会議(国会に相当)で憲法を改正。国家主席制が廃止され、国家の最高職責と格上げされた国防委員会の委員長に改めて就き、名実ともに権力を掌握した。

　何よりも軍事を優先する「先軍政治」を敷き、98年8月には長距離弾道ミサイル「テポドン1」を発射した。06年7月には「テポドン2」を含む弾道ミサイルの連続して発射させたほか、同年10月には国際社会が反対するなかで初の核実験を強行した。

　一方で映画や舞台といった芸術にも強い関心を持ち、直接指導してきたことでも知られる。

　00年6月に韓国大統領として初めて訪朝した金大中大統領(当時)と、分断後初の南北首脳会談を開催して、南北共同宣言に署名した。07年10月にも盧武鉉・韓国大統領(同)を平壌に迎え、2回目となる首脳会談を開き、新たな宣言を交わした。

　以前から心臓疾患や糖尿病が指摘されていたが、08年9月の建国60年祝賀行事に姿を見せず健康不安説が表面化。同年夏に脳疾患にかかり、後遺症が残っていたとされる。11

年12月17日に現地指導中「走行中の列車のなかで急性心筋梗塞(こうそく)が発生し、心臓性ショックが併せて起きた」とし、12月19日、朝鮮中央放送が特別放送で死去を伝えた。

語彙

1 **民主(みんしゅ)①**
 名词:政治運営上の権力が(独裁)君主にではなく、人民一般にあること。/民主
2 **主義(しゅぎ)①**
 名词:自らの生活を律する一貫した考え方と、それによって裏付けられた行動上の方針。個人によって異なる、思想上の立場。個人が何らかの制約を受ける、政治体制。/主义,主张
3 **指導(しどう)⓪**
 名词サ変动词:直接指示を下したり 説明を加えたり 質問に答えたり して教えること。/指导,教导,领导
4 **兼ねる(かねる)②**
 动词:本来の役割の外に、他の役割をも果たすべき態勢を取ることが出来る。現在の事ばかりでなく、将来の事までも考慮に入れる。/兼带,兼任
5 **故(ゆえ)②**
 名词:わけ。理由。/理由,因为
6 **長男(ちょうなん)①③**
 名词:同胞の男子の中で、一番上のもの。/长子
7 **後継(こうけい)⓪**
 名词:やめた人に代わって、その地位・職務などに就くこと(人)。/继任,接班
8 **本格的(ほんかくてき)⓪**
 形容动词:正式。本調子である様子。/正式的,真正的
9 **服喪(ふくも)⓪②**
 名词:喪に服すること。/服丧,戴孝

10　憲法(けんぽう)①

名詞:その組織内で、必ず守るべきものとされる、行動の規準の意その国家の組織・運営の大原則を定めた国家最高の法規。/宪法

11　職責(しょくせき)⓪

名詞:職務上の責任。/职责

12　改めて(あらためて)③

副詞:その事を、次のよい機会に譲ることを表わす。前まえから問題になっていた事柄を何かの機会に、出発点に立ち戻って考え直すことを表わす。/重新,再

13　弾道(だんどう)⓪

名詞:発射された弾丸が空中を通過する時に描く曲線。/弹道

14　舞台(ぶたい)①

名詞:劇場などで役者が演技をする場所として設けられた、見物席より一段高い場所。/舞台,大显身手的地方

15　大統領(だいとうりょう)③

名詞:共和国の元首。国民から選挙されて、一定期間で交替する。/总统,老板

16　会談(かいだん)⓪

名詞:いくつかの組織の代表者が公的な立場で話し合うこと。/会谈,面谈

17　新た(あらた)①

形容動詞:過去にこだわらず、今までにはなかった状況が出現したという気持で事態をとらえる様子。/新,重新

文法項目

1　～かねる

接続:動詞連用形ます形+かねる

意味:由于心理或感情的原因,不能做到……

例文:

〇あなたの意見には、どうしても賛成し兼ねます。

○その種のことは、同僚の僕の口からは言い兼ねるね。
○今か今かと子どもの帰りを待ち兼ねて、何度も玄関口まで見に行った。
○彼は能力はあるが、協調性がなく、私には扱い兼ねる存在だ。
○当館では、傘の保管には責任を負い兼ねます。各自ビニール袋に入れてお持ちください。

2　～かねない

接続：動詞連用形ます形+かねない

意味：有可能……

例文：

○会社命令に背こうものなら、首にされ兼ねない。
○あいつは金のためには人殺しだってやり兼ねない男だ。
○そんなにスピードを出したら、交通事故を起こし兼ねない。
○部下を無能呼ばわりするなんて、人を傷つけるひどい言い方だけど、あの部長なら言い兼ねないね。
○このままでは両国の国境紛争は、全面戦争に発展し兼ねない。まさに一触即発の状態と言えるだろう。

3　～ゆえ

接続：名词+ゆえ/动词连体形+ゆえ/形容动词な+ゆえ

意味：文言用法表示原因

例文：

○故あって、しばらく閉店いたします。
○子供のしたこと故、大目に見てやってください。
○今はちょっと取り込み中故、御用件につきましては、日を改めてということにしていただけませんか。
○もうこの歳故に、物忘れがひどくなるのもいたしかたありません。
○これは紛れようもない事実である。故に、臭い物にふたをするのでなく、あるがまま

を直視すべきである。

練習問題
問題1 次の言葉の使い方として最もよいものを、1・2・3・4から一つ選びなさい。
  問1 指導
    1 よろしくご指導を願います。
    2 スイッチを入れてモーターを指導する。
    3 指導はすたれない。
    4 指導を握る。
  問2 後継
    1 後継が合わない。
    2 後継がみつかる。
    3 後継に恵まれる。
    4 敵の背後を後継する。

問題2 次の文の(　)に入れるのに最もよいものを、1・2・3・4から一つ選びなさい。
  問1 ご質問に関しては、私は責任者ではありませんので、わかり(　)。
    1 がたい　2 できます　3 かねます　4 かけます
  問2 たとえ時間があっても、このような危険な仕事は引きうけ(　)。
    1 かねます　2 かねない　3 かけます　4 がたい
  問3 気持ちが悪い時、買い物に行くに(　)。
    1 かぎらない　2 かぎる　3 反する　4 来る
  問4 ほんとうはカラオケの仕事が嫌だが、学費のことを考えると、ここのアルバイトを続け(　)わけにはいかない。
    1 くる　2 ない　3 いく　4 ざる
  問5 心配(　)はないよ。あとのことはぼくに任せよう。
    1 やること　2 では　3 すること　4 すら

問題3 次の文の＿＿★＿＿に入る最もよいものを、1・2・3・4から一つ選びなさい。

問1　それは分かりきったことで、＿＿＿　＿＿★＿＿　＿＿＿　＿＿＿。
　　　1　改めて　　2　までも　　3　言う　　4　ない

問2　彼女は6歳のとき、＿＿＿　＿＿＿　＿＿★＿＿　＿＿＿。
　　　1　出た　　2　に　　3　舞台　　4　初めて

問3　また新た＿＿＿　＿＿★＿＿　＿＿＿　＿＿＿。
　　　1　始める　　2　こと　　3　にする　　4　に

読解

　始めて日本に24時間営業（えいぎょう）のコンビニができたのは、1975年だと言われています。

　当時、人々は主にスーパーや町の商店で買い物をしていました。しかし、それらの店の多くは早い時間に閉まっていたので、24時間営業しているコンビニができたことで、夜遅くに利用したい人はとても便利になりました。そして、1980年代以降コンビニの数は急激（きゅうげき）に増え、今では全国に4万店以上あります。

　最近では24時間営業のスーパーも増え、またコンビニ同士の競争（きょうそう）も激しくなったため、各コンビニは新しい工夫で客を増やそうとしています。例えば、新しい商品を次々に発売して、客を飽きさせないようにしています。また、銀行ATMを設置（せっち）したり、宅配便（たくはいびん）や郵便物（ゆうびんぶつ）を受け付けるなど、銀行や郵便局のようなサービスを行ったりもしています。他にも、店内で食事ができる、洋服をクリーニングに出す事ができるなど、さまざまな顔を持つコンビニが増えています。

問1　文章の内容とあっているのはどれか。
　　　1　コンビニができて、全ての人にとってとても便利になった。
　　　2　1975年当時、コンビニ以外で夜遅くまで営業している店は少なかった。
　　　3　1980年代には、夜遅くまで開いているコンビニは珍しかった。
　　　4　コンビニは、スーパーや町の商店を利用したくない人のためにできた。

問2 コンビニの商品やサービスについて、文章とあっているものはどれか。
1 コンビニの商品は、作ると次々に売れられるので、いつも新しい。
2 コンビニのサービスは、4万店以上の店で同じように利用することができる。
3 スーパーよりコンビニのほうが、新しい商品を売っている。
4 コンビニのサービスは、種類がだんだん増えてきている。

【考えながら読もう】
1 今まで、台湾慈済骨髄バンクが大陸部への造血幹細胞提供は累計何件に達したか。
2 中華骨髄バンクの2012年業務会議がいつどこでおこなわれたか。
3 筆者は何を言いたいか。

第二十課　台湾から大陸部への造血幹細胞

　中華骨髄バンクの2012年業務会議が20日、福州で行われた。中華骨髄バンク管理センターの洪俊嶺主任によると、今年2月末の時点で、台湾慈済骨髄バンクが行った造血幹細胞提供は累計2785件に達した。うち、台湾本土への提供は940件で、33.7%を占め、大陸部への提供は1173件に達し、約42%を占めた。

　2011年、中華骨髄バンクに登録された造血幹細胞資料は16万8千人分に達し、総量は140万人分に達した。中華骨髄バンクが行った造血幹細胞提供は598件に達し、うち国外への提供は13件となった。同バンクはこれまでに2600件あまりの造血幹細胞提供を実現している。人民日報海外版が21日に報じた。

語彙

1　中華（ちゅうか）①
　　名詞：外国との交渉が少なかった時代に自国を、世界の中心に在る、最もすぐれた国と見なしたこと。狭義では、漢民族のそれを指し、また その呼称としても用いられる。/中华

2　骨髄（こつずい）⓪②
　　名詞：骨の中の空洞をみたす、柔らかな組織。/骨髓，心底，精髓

3　業務（ぎょうむ）①
　　名詞：趣味や依頼・ボランティアではなく、職業・事業として行う仕事。/业务

4　管理（かんり）①
　　名詞サ変動詞：そのものを全体にわたって掌握し絶えず点検し、常時意図する通りの

機能を発揮させたり 好ましい状態が保てたりするようにすること。組織・施設や事業体の保守・運営について責任を持って当たること。/管理,経営

5　主任(しゅにん)⓪

　名词:その部局の責任者。/主任

6　月末(げつまつ)⓪

　名词:その月の終り。つきずえ。/月末

7　造血(ぞうけつ)⓪

　名词:血液を造り出すこと。/造血

8　細胞(さいぼう)⓪

　名词:生物体を作っている、おもな単位。核を含む原形質のかたまり。/細胞,基层单位

9　累計(るいけい)⓪

　名词:たくさんのものの数量を総計するに当たって、途中で得た小計を順に幾つか足して合計すること。/累計

10　本土(ほんど)①

　名词:植民地と違ってその国の産業・経済・行政上の中心となる国土。/本土

11　占める(しめる)②

　动词:自分の勢力範囲所有とする。客観的に見て、そのものが、全体の中でそのような位置を持つ。/占有

12　登録(とうろく)⓪

　名词サ変动词:役所の正式の帳簿に載せること。/登記,注册

13　総量(そうりょう)③⓪

　名词:全体の量。/总量

14　報じる(ほうじる)④⓪③

　动词:むくいる。/报答,报告

文法項目

1 ～うちに/～ないうちに

接続:形容词形/容动词动/词连体形+うちに

意味:趁着……

例文:

○鉄は熱いうちに打て。

○あの先生の授業は退屈で、聞いているうちに、いつも眠くなる。

○生きてるうちが花なのさ。死んで花実が咲くものか。

○あ、もう五時ですね。暗くならないうちに帰りましょう。

○そうそう、忘れないうちに話しておこう。実は…

2 ～あまり

接続:名词の+あまり

意味:由于过于……

例文:

○うれしさのあまり、涙がでた。

○急ぐあまり、家の鍵をかけるのを忘れてきてしまった。

○彼は人がいいあまり、嫌な仕事を押しつけられても断りきれない。

○慎重になり過ぎるあまり、チャンスを逃すこともある。

○可愛さのあまりに憎さ百倍という俗語がある。

練習問題

問題1 次の言葉の使い方として最もよいものを、1・2・3・4から一つ選びなさい。

問1 業務

　　1　業務を拡張する。

　　2　互いに業務し、支持しあう。

　　3　戦うことを業務される。

　　　　4　人生を業務する。
問2　占める
　　　　1　大臣の椅子を占める。
　　　　2　引き出しを占める。
　　　　3　のりが占める。
　　　　4　にわとりを占める。

問題2　次の文の（　　）に入れるのに最もよいものを、1・2・3・4から一つ選びなさい。
問1　勉強すればする（　　）知識が深まる。
　　　　1　ぐらい　　2　ほど　　3　ばかり　　4　まで
問2　雨でピクニックが中止になってしまった（　　）。
　　　　1　にすぎない　　　2　よりほかにない
　　　　3　さえもない　　　4　でならない
問3　彼女は若く見えるが、驚いた（　　）。
　　　　1　ことに　　2　わけ　　3　はず　　4　もの
問4　あと一点取っていれば、私のチームの勝ちだったのに。
　　　（　　）よ。
　　　　1　くやしくてかぎりない　　2　くやしくてならない
　　　　3　くやしくてたまらない　　4　くやしくてかまわない
問5　近くい温泉があるというが、一度行ってみたい（　　）だなあ。
　　　　1　もの　　2　こと　　3　だけ　　4　わけ

問題3　次の文の＿★＿に入る最もよいものを、1・2・3・4から一つ選びなさい。
問1　この商標＿＿＿＿　＿★＿　＿＿＿＿　＿＿＿＿。
　　　　1　登録　　2　して　　3　は　　4　ある
問2　彼の希望＿＿＿＿　＿＿＿＿　＿★＿　＿＿＿＿。
　　　　1　された　　2　実現　　3　ついに　　4　は

133

問3　ジョン:「この『りかい』という言葉はどういう意味ですか。」
　　　アリ:「ああ、確か『わかる』＿＿＿　＿★＿　＿＿＿　＿＿＿んですけど。」
　　　　　1　意味だった　　2　という　　3　ような　　4　と思う

読解

　「話す」ことは、基本的にプライベートな行為である。それに対して、「書く」という行為は話す事のようにその場で消えてしまうのではなく、文字として残る。その事によって、「書く」ことは公共的(こうきょうてき)な行為になる。

　例えば、「あいつバカだよね」と言ったとしても、にこやかに笑いながらであれば、話す当人が、バカだと批評(ひひょう)している相手のことをけなしているわけではなく、愛情を込め、行為を持っていったのだと伝わる。

　しかし、それを文章で書いてしまったら、どうだろうか。その場の雰囲気やニュアンスがよほど上手く表現されていない限り、「あいつはバカだ」と言う言葉がそのまま文字として定着してしまう。話し言葉のニュアンスは、書き言葉ではよほどうまく表現しないかぎり伝わらない。それが書き言葉―文字の怖さである。

問1　「バカだ」という言葉が、「愛情を込め、行為を持っていったのだと伝わる。」とあるが、どうしてそのように伝わるのか。
　　　1　文字の書き方によって気持ちを示すことができるから。
　　　2　表情や言い方によって気持ちを示すことができるから。
　　　3　回りの様子に合わせて話し言葉のニュアンスで書くから。
　　　4　けなしているわけではないと、心を込めて説明するから。

問2　話す事と書くことについて、文章の内容と合っているのはどれか。
　　　1　書くと文字が残るが、話すのは一時的なものなので、何を言っても問題ない。
　　　2　話すよりも書くほうが自分の正直な気持ちを伝えやすい。
　　　3　書くよりも話すほうが、言葉には表れていないニュアンスを伝えやすい。
　　　4　話すことも書くことも、正しい言葉を使わなければ伝わらないのは同じだ。

小説の鑑賞

有島武郎『家事とポチ』

　ポチの鳴き声で僕は目が覚めた。
　眠たくてたまらなかったから、うるさいなとその鳴き声をおこっているまもなく、真っ赤な火が目に映ったので、驚いて両方飲めをしっかり開いて見たら、戸棚の中じゅうが火になっているので、二度驚いて飛び起きた。そうしたらぼくのそばに寝ているはずのおばあさまが黒い布のようなもので、夢中になって戸棚の火をたたいていた。
　（中略）
　部屋の中は、障子も、壁も、床の間も、ちがいだなも、昼間のように明るくなっていた。おばあさまの影法師が大きくそれに映って、化け物か何かのように動いていた。
　家事なんだ。おばあさまが一人で消えそうとしているんだ。それがわかるとおばあさんとが寝ている離れのところへ行って、
　「おとうさん……おかあさん……」と思いきり大きな声を出した。
　僕の部屋の外で、泣いていると思ったポチがいつの間にかそこに来ていて、きゃんきゃんとひどく鳴いていた。ぼくが大きな声を出すか出さないかに、おかあさんが寝巻きのままで飛び出してきた。
　「どうしたというの？」とおかあさんは内緒話のような小さな声で、ぼくの両肩をしかっりおさえてぼくに聞いた。
　「たいへんなの……」
　「たいへんなの、ぼくの部屋が火事になったよう。」と言おうとしたが、どうしても「たいへんなの。」きりであとは声が出なかった。

附录1 二、三级语法索引

语　法	意　义	级别
~あげく(に)	最后,结果是……	2
~あまり	因过于……	2
~う(よう)ではないか	让我们一起……吧	2
~うえで(は)	在……方面	2
~うえに	而且,又	2
~うちに	趁……在……的过程中	3
~うちに	趁……	2
~おかげで	多亏……	3
~おかげで(おかげだ)	托……的福,多亏	2
~おきに	每隔……	3
~か~ないかのうちに	刚要……就……	2
~かぎり	只要……就……	2
~かぎりでは	在……范围内,据……所……	2
~かける	刚……;还没……完	2
~がする	感到……,感觉……	3
~かた(方)	……法	3
~がたい	难	2
~がち	容易,常常	2
~かと思うと/思ったら	以为是……却……;刚……就……	2
~かねない	不见得不,也有可能	2
~かねる	难以	2
~かのようだ	好像,宛如,简直就像	2
~かもしれまい	也许……	3
~から~にかけて	从……到……	2
~からいうと/からいえば/からいって	从……来说,从……方面考虑	2
~からして	从……来看;从……来说	2
~からすると/からすれば	以……来看;根据	2
~からといって/からとて/からって	虽说……但……;尽管……也……;不能因为……就……	2
~からには(からは)	既然……就……	2
~から見ると/から見れば/から見て/から見ても	从……方面来看	2

语　法	意　义	级别
~かわりに	代替,代理	2
~きり/きりだ	从……以后就再也没/一直没……	2
~くせに	明明……却……;尽管……可是……	2
~くらい/ぐらい/くらいだ/ぐらいだ~げ	表示程度	2
	……的样子,好像……	2
~こそ	才是,才能	2
~ことか	别提有多……了	2
~ことから	因为,从……来看,由此	2
~ことだ	应该,最好	2
~ことだから	因为……一定……	2
~ことなく	不……	2
~ことに/ことには	令人……的是	2
~ことにする	决定……	3
~ことになっている/こととなっている	按规定	2
~ことになる	决定……,结果……,规定……	3
~ことはない	不必……	2
~さ/~み	使形容词或形容动词名词化	3
~さえ/でさえ	连	2
~さえ~ば	只要……就……	2
~さえあれば	只要……就……	2
~さえすれば	只要……就……	2
~ざるを得ない	不得不……	2
~し	既……又……,也……也……	3
~しかない	只有;只能;只好	2
~しかない	只有……,仅……只能……	3
~してところ	正在……	3
~すえ(に)	……结果	3
~すぎる	过于……	3
~ずつ	各……,每……	3
~ずにはいられない/ないにはいられない	不能不……,怎能不	2
~するところ	正要……	3
~せいか	也许是因为……(的缘故)吧	2
~せいだ/せいで	因为,是因为	2
~たあとで	……之后	3

语法	意义	级别
~たうえで	……之后	2
~たうえは	既然……就……	2
~だけあって	不愧是	2
~だけに	正因为……所以……	2
~だけの	足够的,所有的	2
~だす	开始……,……起来	3
~たところ	刚……完……	3
~たところ~	……结果……,可是……却	2
~たとたん(とたんに)	刚一……就……	2
~たび(たびに)	每次……都	2
~ため(に)	为了……因为……所以……	3
~だらけ	满,净,全	2
~たり、~たりする	又……又……,一会……一会……	3
~だろう/でしょう	……吧,大概……吧,肯定……吧	3
~ついでに	顺便	2
~っけ	……来着,记得……	2
~っこない	决不会……,根本不会……	2
~つつ	一边……一边……,一面……一面……	2
~つつある	正在……	2
~つつも/つつ	虽然……但是……	2
~っぽい	好……,容易……	2
~つもり	打算……	3
~ていく	趋于	3
~ておく	……预先,让它……	3
~てからでないと~	没……之前不……,如果不是……之后	2
~できる	能……,会……	3
~てくる	……过来,……起来了	3
~てしまう	……完了,……光了,……了	3
~てしょうがない	用言连用形+てしょうがない	2
~てたまらない	……得不得了,……得受不了	2
~てはいけない	不可以……,不准……	3
~てほしい/~てもらいたい	请(你)……	3
~てみる	……以下,……看	3
~てもいい	可以……	3
~て以来	自……以来	2
~ということだ	据说……,就是说……,意思是……	2

语法	意义	级别
~というと/といえば/といったら~	提起……,说起	2
~というものだ	这才真正是……	2
~というものではない /というものでもない	并不是……,也并不是……	2
~というより	与其说……	2
~といっても	虽然说……,说是……但……	2
~とおり	正如……,按照……	2
~どころか	别说……就连……也……,不仅不……反而……	2
~どころではない/どころじゃない	岂止,远非,哪能	2
~ところに	正当……	2
~ところへ	正当……时	2
~ところを	本应……可是……,正在……的时候……而……	2
~としたら/とすれば	假如……,假设……	2
~として/としては	作为……	2
~としても	即使……也……	2
~とともに	和……一起,随着……	2
どんなに~ても(でも)	无论怎么……都……,无论怎么……也……	3
~な	不要……,不可……	3
~ないことには	如果不……	2
~ないことはない /ないこともない	也并不是不…… 并非……	2
~ないで/~なくて	不……而……,不是……而是……	3
~ないではいられない	不能不……,不由得……	2
~ながら	一边……一边……,一面……一面……	3
~ながら	虽然……却……	2
~なんか	之类	2
~なんて	……什么的,……之类	2
~にあたって	当……之时	2
~において/においては/ においても/における	在……	2
~にかかわらず	不论/不管……	2
~にかかわりなく /にはかかわりなく	与……无关;不论……都	2
~にかかわる	与……有关,关系到……,涉及	2
~にかけては/かけても	在……方面,论……的话	2
~にこたえる/にこたえて	符合……,响应……,应……	

语法	意义	级别
/にこたえ	深感……	2
～にしたがって	随着……	2
～にしては	作为……，按……来说	2
～にしても /にしたら	即使……也……，就……来说	2
/にすれば	如果作为……	2
～にしろ/にせよ	即使……也……	2
～にすぎない	只不过是……	2
～にする	就……吧	3
～について	关于……，就……	2
～につき	因……	2
～につけて/につけては /につけても	每逢/每当……就……	2
～につれて	随着……，伴随……	2
～にとって(は)	对……来说	2
～にほかならない	无非是……，不外乎……正是……	2
～にもかかわらず	尽管……但是……，虽然……但是……	2
～によって/による	由于……，根据……，因……的不同而……，通过	2
～にわたって/にわたる /にわたり	历经……，(范围)涉及……	2
～に伴って	随着……，伴随……	2
～に比べて	与……相比，比起……来……	2
～に代わって	代替……	2
～に対して/に対し/に対しては/ に対しても/に対する	对……	2
～に反して	违反……，与……相反	2
～に関して/に関しては /に関しても/に関する	关于……，有关……	2
～に基づいて/に基づく	基于……，按照……，根据……	2
～に際して	在……之际，当……的时候	2
～に加えて/に加え	加上……	2
～に決まっている	一定……，必定……	2
～に違いない	肯定……，一定……	2
～に先立って/に先立ち /に先立つ	先于……，在……前	2
～に限って/に限り	只有……，偏偏……	2
～に限らず	不仅/不但……而且……，不论……都……	2

语　法	意　义	级别
~に相違ない	一定……,肯定……	2
~に沿って/に沿い/に沿う/に沿った	沿着……,顺着……按照……	2
~に応じて	按照……,根据……,随着……	2
~ぬきで/ぬきでは/ぬきに/ぬきには	排去……,除去……不包括……	2
~ぬく	……最后/到底	2
~のあいで/あとで~する	……之后/稍后再……	3
~のみならず	不仅	2
~のもとに/もとで	在……之下;在……条件下	2
~のようだ	像……那样	3
~の中では、何がいちばん~ですか	在……里,哪个最……	3
~ば/たら~も	既……又……	2
~ば~ほど	越……越……	2
~は~ほど~くない/ではない	……不如……	3
~は~より~です	……比……	3
~ばかりか/ばかりでなく	不用说……就连……,不仅……而且……	2
~ばかりに	正因为……才,只因……才	2
~はともかく/はともかくとして	……暂且不谈,……先不管	2
~はもとより/はもちろん	不用说……,当然……	2
~べきだ/べきではない	应该/不应该	2
~ほうがいい	还是……为好	3
~ほか(は)ない	只有/只好	2
~ほど	到了……的地步,……得……	2
~ほど	越……越……	2
~ほど~ない	不比……,比……不	2
~まい	否定推量助动词	2
~ませんか	……吗	3
~まま	……着	3
~もかまわず	不管……,不理睬……不介意……	2
~もの	原因,理由	2
~ものか	哪能/岂能/怎能……呢?	2
~ものがある	有……的东西,有……的成分	2
~ものだ/ものではない	应该,理应,自然/不该,不要	2
~ものだから/ものですから	是因为	2

141

语　法	意　义	级别
～ものなら	如果……就……	2
～ものの	虽然……但是……，虽说……可是……	2
～やすい/～にくい	容易……，好……/难……，不容易……	3
～やら～やら	……啦……啦	2
～ようがない/ようもない	无法……，不能……	2
～ようとしたとき	刚要……的时候	3
～ように	为了……，以便……	2
～ようにする	争取……，为了……，希望……	3
～ようになる	变得……，已经开始……	3
～より～のほうが～です	……比……更……	3
～わけだ	当然,自然	2
～わけにはいかない 　/わけにもいかない	不能……	2
～わけはない/わけがない	不会……，不可能……	2
～わりに(は)	虽然……但是……	2
～をきっかけに/きっかけとして 　/きっかけにして	以……为契机	2
～をこめて	充满……，满怀……	2
～をしている	长着……，显得……	3
～をはじめ/はじめとする	以……为首	2
～をめぐって/めぐる	围绕着……	2
～をもとに/をもとにして	以……为根据,以……为基础	2
～を抜きにして/を抜きしてしは 　/は抜きにして	省去……，不……	2
～を機会に/機会として 　/機械にして	以……为机会/开端,趁着……	2
～を体言として/とする/とした	把……作为,把……当做	2
～を通して	通过……	2
～を通じて	通过/利用……,在整个……期间/范围内	2
～を問わず/は問わず	不问……，不管……，不论……	2
～を中心に/中心として 　/中心にして	以……为中心	2
～次第(しだい)	一……就(立即)	2
～次第だ/次第で/次第では	全凭,要看……而定	2
～得る/～得ない	可能,会/不可能,不会	2
～反面	另一方面	2

142

语法	意义	级别
~際/際に/際は	……时，……之际	2
~恐れがある	恐怕……，有……的可能/危险	2
~気味(ぎみ)	有点，有些	2
~切る/切れる	……完(表示完结完成)，完全/很……	2
~上丨上は/上も	在……上	2
~向きだ/向きに/向きの	适合……的	2
~向けだ/向けに/向けの	面向……	2
~一方(では)	一方面……另一方面……	2
~一方だ	一直……，越来越……	2
~以上(は)	既然……就……	2
~中(ちゅう、じゅう)	正在……	3
~最中に/最中だ	正在……的时候，正在……中	2
AとBと(では)、どちらが~ですか	A 和 B 哪个更……	3
AとBとCとではとちらがいちばん~ですか	……和……和……，最……	3
vわけではない/わけでもない	并非，并不是	2
いくら~ても(でも)	无论怎么……都……	3
く(に)する	把……弄成……，使……成为……	3
く(に)なる	变得……，会变得……	3
ください	请给(我)	3
けれども/けれど/だが/しかし	虽然……但是……，可是……	3
それから	然后……，还有……	3
それじゃ	那么……	3
それで	所以……	3
それでも	尽管如此……	3
それとも	是……还是……	3
それなのに	尽管那样……	3
それに	再加上……	3
だから/ですから	所以……	3
ただし	但是……	3
たとえ~ても	即使……也……	3
たとえ~ても(でも)	即使……也……	2
たとえば	比如……	3
て型	动词连接式	3
とか	……啦……啦	3
とき	……时	3

语法	意义	级别
ところが	可是……	3
ところで	但是……	3
のに	虽然……但是……,可是……	3
ばかり	尽……,只……	3
はず	理应……,该……	3
または	……或……	3
まるで~のようだ	为了……	3
みたいだ/ようだ	好像……,像……那样	3
らしい	好像……	3
传闻助动词そうだ	据说……,听说……	3
动词连用型て+から/动词过去式た+あとで	表示一个动作之后,再进行另一个动作	3
授受动词やる/あげる/差し上げる	给(他人)	3
もらう/いただく	得到	3
くれる/くださる	给(我)	3

附录2 二、三级常考动词索引

ア

合う	あう	[自]	合一、合到一起、准确
味わう	あじわう	[他]	品味、品尝
預かる	あずかる	[他]	照顾、保管、承担
預ける	あずける	[他]	寄存、处理难以了结的事
遊ぶ	あそぶ	[自]	玩、游戏
与える	あたえる	[他]	给、给予、提供、分配
暖まる	あたたまる	[自]	温暖、暖和
温まる	あたたまる	[自]	温暖(人心)、亲切
当たる	あたる	[自]	碰、撞、遭、命中、担任
当てる	あてる	[他]	猜测、推测、晒、烤、吹、
暴れる	あばれる	[自]	乱闹、胡闹
浴びる	あびる	[他]	淋、浇、遭、受
甘える	あまえる	[自]	撒娇、承蒙好意
余る	あまる	[自]	多余、富余、超过
編む	あむ	[他]	编、织
洗う	あらう	[他]	洗
争う	あらそう	[他]	争夺、斗争、竞争
改める	あらためる	[他]	改变、改进、更改、改换
表す	あらわす	[他]	表达、表现
現す	あらわす	[他]	出现
現れる	あらわれる	[自]	出现、显现、暴露
荒れる	あれる	[自]	变天、起风暴、心情、精神、气氛、失常
抱く	いだく	[他]	抱、搂、环绕、怀有
痛む	いたむ	[自]	痛、悲痛
祈る	いのる	[他]	祈祷、祝愿
祝う	いわう	[他]	祝贺、庆祝
植える	うえる	[他]	种、植、栽、嵌入
浮く	うく	[自]	浮、漂、松动
浮かぶ	うかぶ	[自]	漂、浮、浮现、呈现
浮かべる	うかべる	[他]	使……漂起、使……浮起、呈现
承る	うけたまわる	[他]	听、听取
受ける	うける	[他]	受、接受
失う	うしなう	[他]	失去、丢失

薄める	うすめる	[他]	稀释、浓淡
疑う	うたがう	[他]	怀疑、疑惑、猜疑
打つ	うつ	[他]	打、敲、拍、钉
移る	うつる	[自]	移动、迁移
移す	うつす	[他]	移、迁、搬、挪、转、付诸
埋める	うめる	[他]	埋、填、填补
敬う	うやまう	[他]	尊敬、恭敬
占う	うらなう	[他]	占卜、算命
選ぶ	えらぶ	[他]	选择、挑选、选拔
得る	える	[他]	得到、获得
追う	おう	[他]	追、赶、驱逐、追求
終える	おえる	[他]	做完、结束
拝む	おがむ	[他]	叩拜、下拜、恳求、瞻仰
補う	おぎなう	[他]	补充、补上、弥补、补偿
置く	おく	[自他]	下(霜)、放置、搁、存放、设置、间隔
贈る	おくる	[他]	赠送、授予
怒る	おこる	[自]	发怒、生气、训斥
収める	おさめる	[他]	收下、接收、取得、获得、缴纳
納める	おさめる	[他]	收下、接收、取得、获得、缴纳
治める	おさめる	[他]	治、治理、统治
押す	おす	[他]	推、按、压、挤
恐れる	おそれる	[自他]	怕、恐惧、担心
教わる	おそわる	[他]	受教、跟…学习
落ちる	おちる	[自]	掉、落、降、漏掉、脱落、落选、陷落
落とす	おとす	[他]	使……落下、扔下、失掉、失落、脱落、降低
踊る	おどる	[自]	跳舞、舞蹈
驚く	おどろく	[自]	吃惊、惊讶、惊恐
覚える	おぼえる	[他]	记住、学会、掌握、感觉
泳ぐ	およぐ	[自]	游泳
降りる	おりる	[自]	从(高处、交通工具)下来、降
降ろす	おろす	[他]	降下、摘下、卸下、弄下
折る	おる	[他]	折、折断、折叠
折れる	おれる	[自]	折、断、转弯、让步、屈服

| 返す | かえす | [他] | 归还、送回、回报、回答、翻过来 |

返る	かえる	[自]	还原、恢复、返还
変える	かえる	[他]	改变、变更
変わる	かわる	[自]	变化、不同、改变
替える	かえる	[他]	替换、更换
替わる	かわる	[自]	更换、代替、代理
抱える	かかえる	[他]	抱、夹、负担、肩负
限る	かぎる	[自]	限定、限于、最好
欠ける	かける	[自]	缺少、不足
囲む	かこむ	[他]	围
重なる	かさなる	[自]	重叠、重复
重ねる	かさねる	[他]	使……重叠、重复、反复
飾る	かざる	[他]	装饰、装潢、装饰、润色
数える	かぞえる	[他]	数、算
固まる	かたまる	[自]	变硬、凝固、稳固、形成、聚集
傾く	かたむく	[自]	倾斜、倾向于
傾ける	かたむける	[他]	倾斜、使……倾斜、倾注
語る	かたる	[他]	谈、讲、讲述、说唱
勝つ	かつ	[自]	胜、赢、获胜、胜过、压过
悲しむ	かなしむ	[他]	悲痛、悲伤
通う	かよう	[自]	来往、上班、上学、通勤
枯れる	かれる	[自]	枯萎、凋零
乾く	かわく	[自]	干、干燥
乾かす	かわかす	[他]	晒干、晾干、烤干、烘干
消える	きえる	[自]	消失、熄火
効く	きく	[自]	好使、灵便、有效、奏效
刻む	きざむ	[他]	切碎、剁碎、雕刻、铭记
配る	くばる	[他]	发放、分配、送、布置、安排
組む	くむ	[自他]	合伙、联合、把……交叉起来、组成
曇る	くもる	[自]	阴天
暮らす	くらす	[自他]	生活、过日子
比べる	くらべる	[他]	比较、比一比、比赛
苦しむ	くるしむ	[自]	痛苦、苦恼、苦于、难
暮れる	くれる	[自]	天黑、日暮、岁末、年终
加える	くわえる	[他]	添加、增加、给予、加以
加わる	くわわる	[自]	增加、添加、加入、参加
消す	けす	[他]	弄灭、熄灭、关掉、擦掉、涂去
越える	こえる	[自]	越过、度过、超过

越す	こす	[自]	越、过、度、(时间)经过、度过、超过
超える	こえる	[自]	越过、度过、超过
超す	こす	[自]	越、过、度、度过、超过、胜过
凍る	こおる	[自]	结冰、冻结
凍える	こごえる	[自]	冻僵
試みる	こころみる	[他]	尝试、试试看
断る	ことわる	[他]	拒绝、谢绝、预告、事先说好
好む	このむ	[他]	爱好、喜欢
困る	こまる	[自]	困窘、为难、难过、苦恼、没办法
込む	こむ	[自]	人多、拥挤
転がる	ころがる	[自]	滚转、倒下、躺下
転ぶ	ころぶ	[自]	滚动、倒、跌倒
殺す	ころす	[他]	杀、杀死、忍住、抑制
壊れる	こわれる	[自]	坏、碎、倒塌、出故障
壊す	こわす	[他]	毁坏、弄坏、损害、伤害

サ

探す	さがす	[他]	寻找、搜查
捜す	さがす	[他]	寻找、搜查
逆らう	さからう	[自]	逆、悖逆、反抗、违逆
咲く	さく	[自]	花が咲く／花开
探る	さぐる	[他]	寻、搜索、探访、探求、试探
叫ぶ	さけぶ	[自]	呼喊、喊叫、呼吁
支える	ささえる	[他]	支撑、支持、维持
刺す	さす	[他]	扎、刺、穿、叮、咬
指す	さす	[他]	指、指点
差す	さす	[他]	注入、倒进、点入
冷める	さめる	[自]	冷却、变凉、冷漠
冷ます	さます	[他]	冷却、弄凉
覚める	さめる	[自]	醒、醒悟
覚ます	さます	[他]	冷却、弄凉
去る	さる	[自他]	离开、离去、去掉
騒ぐ	さわぐ	[自]	吵闹、骚动
触る	さわる	[自]	摸、触
沈む	しずむ	[自]	沉入、沉没、消沉、沉闷
従う	したがう	[自]	遵从、适应

閉まる	しまる	[自]	关闭
閉める	しめる	[他]	关闭、合上
示す	しめす	[他]	表示
占める	しめる	[他]	占、据有
湿る	しめる	[自]	潮湿、发潮
調べる	しらべる	[他]	调查、研究、检查
吸う	すう	[他]	吸、吸收
過ぎる	すぎる	[自]	经过、通过、过去、过分、过度
過ごす	すごす	[他]	过(日子)、度、过度、过量
救う	すくう	[他]	拯救、挽救、救济、解放
優れる	すぐれる	[自]	出色、优秀
進む	すすむ	[自]	进、前进、进步、进展、升入、(钟表)快
進める	すすめる	[他]	推进、向前移动、提高、加快
捨てる	すてる	[他]	扔掉、抛弃、放弃
済む	すむ	[自]	完、结束
座る	すわる	[自]	坐、跪坐
責める	せめる	[他]	责备、责难、逼、催促
注ぐ	そそぐ	[自他]	流入、降下、灌入、引入、集中、倾注
育つ	そだつ	[自]	发育、成长、生长
育てる	そだてる	[他]	养、养育、培养、教育
備える	そなえる	[他]	防备、准备、备置、具有

タ

倒れる	たおれる	[自]	倒下、倒塌、倒台、倒闭
倒す	たおす	[他]	推断、放倒、打倒、推翻
耕す	たがやす	[他]	耕
抱く	だく	[他]	抱、搂
確かめる	たしかめる	[他]	确认、查明
助かる	たすかる	[自]	得救、脱险、得到帮助
助ける	たすける	[他]	帮助、帮忙、救助
訪ねる	たずねる	[他]	寻、找、询问、打听
戦う	たたかう	[自]	作战、战斗、斗争、比赛
頼む	たのむ	[他]	恳求、委托、请、雇、靠、依仗
試す	ためす	[他]	尝试、试验
頼る	たよる	[自他]	仰仗、依靠、依赖
違う	ちがう	[自]	不同、错误、相反、不符

散る	ちる	[自]	散、离散、凋谢
散らかる	ちらかる	[自]	零乱
散らかす	ちらかす	[他]	弄乱、乱扔
捕まる	つかまる	[自]	被捕、被擒、抓住、揪住
捕まえる	つかまえる	[他]	捉拿、逮捕、揪住、抓住
疲れる	つかれる	[自]	疲劳、累
突く	つく	[他]	扎、刺、捅
造る	つくる	[他]	制造、创造、建造
伝える	つたえる	[他]	传达、转告、传授
伝わる	つたわる	[自]	流传、传播、顺着、沿着
続く	つづく	[自]	连续、继续、接着
続ける	つづける	[他]	继续、连续、连接起来
包む	つつむ	[他]	包、裹、笼罩
勤める	つとめる	[自]	工作、担当、担任
努める	つとめる	[自他]	努力、尽力、效力、效劳
務める	つとめる	[自]	工作、担当、担任
詰まる	つまる	[自]	堵塞、充满、缩小、贫困、窘迫
詰める	つめる	[他自]	填、塞、挨紧、缩短、节约
積む	つむ	[自他]	堆积、积累、装载
積もる	つもる	[自他]	堆积、积累
連れる	つれる	[自他]	带
照る	てる	[自]	照耀、晒
照らす	てらす	[他]	照耀、对照、参照
溶く	とく	[他]	溶化、调匀、使……溶化
溶ける	とける	[自]	溶化、融解
溶かす	とかす	[他]	溶化、溶解、熔化
解く	とく	[他]	解开、打开、废除、解除、解答
解ける	とける	[自]	解开、解除、消除
閉じる	とじる	[自他]	关闭、结束
届く	とどく	[自]	送来、到、到达、周到、周密
届ける	とどける	[他]	送到、呈报、申报
飛ぶ	とぶ	[自]	飞翔、飞行、跳出去
泊まる	とまる	[自]	(船)停泊、投宿、住宿
捕らえる	とらえる	[他]	捕捉、抓住、逮捕
取る	とる	[他]	取、拿、除掉、脱去、摘掉
撮る	とる	[他]	照相、拍

ナ

直る	なおる	[自]	改正过来、矫正过来、修理好
直す	なおす	[他]	改正、矫正、修理
治る	なおる	[自]	治好、痊愈
治す	なおす	[他]	治疗
流れる	ながれる	[自]	流淌、漂走、变迁、流逝
流す	ながす	[他]	使……流(动)、冲走、漂走、传播、播放、冲洗
鳴く	なく	[自]	鸣叫
泣く	なく	[自]	哭泣、啼哭
亡くなる	なくなる	[自]	遗失、死亡
投げる	なげる	[他]	投、扔、放弃
悩む	なやむ	[自]	烦恼、苦恼
鳴る	なる	[自]	鸣、响
鳴らす	ならす	[他]	鸣、弄出声音
並ぶ	ならぶ	[自]	排列、并列、赶得上、匹敌
並べぶ	ならべぶ	[他]	摆、排列、陈列、列举、比较
慣れる	なれる	[自]	习惯
逃げる	にげる	[自]	逃跑
逃がす	にがす	[他]	放走、错过(机会)
憎む	にくむ	[自]	憎恶、嫉恨
似る	にる	[自]	像、似
抜く	ぬく	[他]	抽出、拔掉、选出、除掉、省略、超过
抜ける	むける	[自]	脱落、遗漏、泄漏、穿过
盗む	ぬすむ	[他]	偷盗、盗窃、背着……、偷偷地
塗る	ぬる	[他]	涂、擦、抹
願う	ねがう	[他]	请求、恳请、愿望、期望
寝る	ねる	[自]	睡觉、躺、卧
残る	のこる	[自]	留下、遗留、剩余
残す	のこす	[他]	留下、剩下、保留
乗る	のる	[自]	乘、坐、趁势
乗せる	のせる	[他]	使……搭乘、使……装载
望む	のぞむ	[他]	眺望、希望
伸びる	のびる	[自]	伸长、长高、发展
伸ばす	のばす	[他]	延长、拉长、伸开、拉直、展平
延びる	のびる	[自]	延长、推迟、延期
延ばす	のばす	[他]	延长、伸开、拉直、展平

上る	のぼる	[自]	登、上升、升级、晋升、上行
昇る	のぼる	[自]	登、上升、晋升、上行
登る	のぼる	[自]	登上、攀登

ハ

生える	はえる	[自]	(植物)生、长、(动物)长……
測る	はかる	[他]	测、量
計る	はかる	[他]	测、量
量る	はかる	[他]	推测、揣摩
掃く	はく	[他]	扫
挟まる	はさまる	[自]	挟
挟む	はさむ	[他]	挟、隔
外れる	はずれる	[自]	……脱落、掉下、脱离、不符合(标准)
外す	はずす	[他]	摘下、取下、开除、避开
働く	はたらく	[自]	工作
離れる	はなれる	[自]	离开、远离
離す	はなす	[他]	使……离开、分开、隔开
放れる	はなれる	[自]	脱离(束缚)
放す	はなす	[他]	松开、撒开、放开
省く	はぶく	[他]	省去、略去
払う	はらう	[他]	支付
晴れる	はれる	[自]	晴天
冷える	ひえる	[自]	冷、觉得冷、凉、变凉
冷やす	ひやす	[他]	冷、冰镇
光る	ひかる	[自]	发光、闪亮、出众
引く	ひく	[他]	拉、拽、引入、吸收、招惹
拾う	ひろう	[他]	拾、捡
増える	ふえる	[自]	增加、增多
増やす	ふやす	[他]	增加
吹く	ふく	[他]	吹(风)
含む	ふくむ	[他]	含着、带有(某种感情、思想)
含める	ふくめる	[他]	包括、叮嘱、教诲
防ぐ	ふせぐ	[他]	防御、防守、预防
降る	ふる	[自]	下(雨)、降(雪)
震える	ふるえる	[自]	发抖
触れる	ふれる	[自]	触摸、摸、听到、涉及、遇到

減る	へる	[自]	減少
減らす	へらす	[他]	減少
干す	ほす	[他]	晾、晒、弄干
掘る	ほる	[他]	挖、掘

マ

参る	まいる	[自]	去、来
任せる	まかせる	[他]	委托、托付、任凭
曲がる	まがる	[自]	拐弯
曲げる	まげる	[他]	折弯、弄弯、放弃、歪曲
巻く	まく	[自他]	卷(胶卷)、缠(绷带)
負ける	まける	[自]	失败、输、经受不住、减价
交ざる	まざる	[自]	掺杂、混杂、掺混
交じる	まじる	[自]	掺杂、夹杂
交ぜる	まぜる	[他]	掺和、混合、调和
混ざる	まざる	[自]	掺杂、混杂、掺混
混じる	まじる	[自]	掺杂、夹杂
混ぜる	まぜる	[他]	掺和、混合、调和
増す	ます	[自他]	增加、增多
祭る	まつる	[他]	祭祀
学ぶ	まなぶ	[他]	学习
招く	まねく	[他]	邀请
守る	まもる	[他]	守护、保护、遵守
迷う	まよう	[自]	迷失、优柔寡断
回る	まわる	[自]	转、旋转、环绕、绕道、巡回
回す	まわす	[他]	转、转动
磨く	みがく	[他]	磨、刷
満ちる	みちる	[自]	满、充满、(潮)长
認める	みとめる	[他]	看见、看到、断定、认为、准许、赏识
実る	みのる	[自]	结果实、成熟、有成绩
診る	みる	[他]	诊察、看病
向かう	むかう	[自]	面对、面向
向く	むく	[自他]	向、朝、(向某一方向)移动、适合
向ける	むける	[他]	向、转(脸)、挪用(资金)
蒸す	むす	[自他]	蒸
結ぶ	むすぶ	[自他]	连接、签订、打(领带)

申す	もうす	[他]	申请
燃やす	もやす	[他]	烧、燃烧、激发
用いる	もちいる	[他]	使用、用、采用、录用
戻す	もどす	[他]	还、归还、恢复、呕吐、反胃
戻る	もどる	[自]	回、返回
求める	もとめる	[他]	追求、寻求、请求、寻找、购置

ヤ

焼く	やく	[他]	烧、烤、(把皮肤)晒黑
雇う	やとう	[他]	雇
破る	やぶる	[他]	弄破、扯破、打破、破坏
辞める	やめる	[他]	辞
止む	やむ	[自]	停、停止
止める	やめる	[他]	终止、作罢
許す	ゆるす	[他]	允许、准许、宽恕
揺れる	ゆれる	[自]	摇动、晃动
汚れる	よごれる	[自]	脏、污浊、(心灵)肮脏
汚す	よごす	[他]	弄脏、玷污
寄る	よる	[自]	靠近、挨近、集中、顺便
寄せる	よせる	[自他]	挨近、靠近、移近、集中、送
呼ぶ	よぶ	[他]	喊、叫
喜ぶ	よろこぶ	[自]	高兴

ワ

沸く	わく	[自]	(水)沸腾、涌出
沸かす	わかす	[他]	烧开、烧热
渡る	わたる	[他]	渡(河)
渡す	わたす	[自]	架(桥)
忘れる	わすれる	[他]	忘
笑う	わらう	[自他]	笑
割れる	われる	[自]	碎、粉碎、分裂、裂开
割る	わる	[他]	切开、割开、劈开、打碎、插入、(加水)稀释

附录3　二、三级常考形容词索引

形容词 (～～しい)

惜しい②	おしい	珍惜、爱惜、可惜、遗憾
怪しい⓪	あやしい	奇怪、可疑、不可信、没准、神魂不定
嬉しい③	うれしい	高兴、欢喜
可笑しい③	おかしい	可笑、滑稽、不正常、异常、可疑
悲しい⓪	かなしい	悲哀、悲伤、伤心、悲惨
厳しい③	きびしい	严格、严厉、严峻、极度的、厉害的
悔しい③	くやしい	令人遗憾、令人气愤、令人悔恨
苦しい⓪	くるしい	痛苦、难受、艰难、困难、经济陷入困境
詳しい③	くわしい	详细、详尽、精通、熟悉
険しい③	けわしい	险峻、陡峭、(前途)危险、严厉、可怕
恋しい③	こいしい	爱慕、爱恋、怀念
寂しい③	さびしい	寂寞、凄凉、孤单、荒凉的(小路)
親しい③	したしい	亲近、亲切、亲密的(朋友)
涼しい③	すずしい	凉快、凉爽、清澈、明亮的(眼睛)
正しい③	ただしい	合理、正确的(答案)、合乎标准
楽しい③	たのしい	快活、愉快、高兴
激しい③	はげしい	(势头)猛烈、强烈地(谴责)、(痛得)厉害
等しい③	ひとしい	相等、相同、一致
貧しい③	まずしい	贫穷、贫乏
眩しい③	まぶしい	刺眼、晃眼
易しい⓪	やさしい	简单、容易
優しい⓪	やさしい	温和、亲切、优雅、典雅
新しい④	あたらしい	新、新鲜
勇ましい④	いさましい	勇敢、奋勇、雄壮
忙しい④	いそがしい	忙、忙碌
恐ろしい④	おそろしい	可怕、惊人、非常、相当(热)
大人しい④	おとなしい	温顺、老实、(花色等)素气、雅气
騒がしい④	さわがしい	吵闹、喧嚷、不安、骚动
頼もしい④	たのもしい	靠得住、有出息、有前途、有指望
懐かしい④	なつかしい	令人怀念、令人思念、怀念(故乡)
恥ずかしい⓪	はずかしい	羞耻、惭愧、害羞、不好意思
難しい⓪	むずかしい	不易理解、难懂的(文章)、复杂的工作)、不好对付的(人)
珍しい④	めずらしい	稀有、少见、罕见、珍奇、贵重

喧しい④	やかましい	喧闹、吵闹、嘈杂、(对服装)挑剔、(电视)吵得慌
厚かましい⑤	あつかましい	厚颜无耻
慌ただしい⑤	あわただしい	急匆匆、慌张
羨ましい⑤	うらやましい	令人羡慕
可愛らしい⑤	かわいらしい	令人感到可爱、招人喜爱的(小狗)、小巧玲珑的(日记本)
図々しい⑤	ずうずうしい	厚脸皮、不知羞耻
騒々しい⑤	そうぞうしい	嘈杂、喧闹、骚动不安、(世道)不安宁
そそっかしい⑤		冒失、毛手毛脚、冒冒失失的(性格)
馬鹿らしい④	ばからしい	不值得一提、愚蠢、无聊
甚だしい⑤	はなはだしい	非常、很、太甚、巨大(损害)
若々しい⑤	わかわかしい	年轻、朝气蓬勃

形容词 (~~ない)

危ない⓪	あぶない	危险、令人担心、靠不住
いけない⓪		不好、糟糕、不行、不可以
幼い③	おさない	幼小、幼年、幼稚、不成熟
少ない③	すくない	少、(雨水)少
すまない②		对不起
下らない⓪	くだらない	无价值、无用、无聊的(话)、不少于
仕方が無い④	しかたがない	无用、不得已
堪らない⓪	たまらない	受不了、不得了
だらしない④		不争气、不检点、没出息、懦弱、邋遢
違いない④	ちがいない	一定、肯定
つまらない③		没意思、无聊、没趣、没有价值、微不足道
とんでもない⑤		出乎意料、~~值段/贵得出奇、绝没有的事
みっともない⑤		不像样子、丢人、丑恶
勿体ない⑤	もったいない	可惜、不敢当、过分、~~おことば/您过奖了
やむをえない④		不得已、只得、休むのも~/休息也是不得已的
思いがけない⑥	おもいがけない	意外、出乎意料、想不到
申し訳ない⑥	もうしわけない	抱歉、对不起

形容词 (~~たい~~かい)

有難い④	ありがたい	值得感谢、值得庆幸、尊贵、宝贵、难得
おめでたい⓪		可喜、可贺、过于天真、过于乐观
重たい⓪	おもたい	沉重、(心情)沉重
冷たい⓪	つめたい	冷、凉、冷淡
めでたい③		可喜可贺、很好、非常好

細かい③	こまかい	小、细小、～お金/零钱、详细、周到
短い③	みじかい	短、(时间)短暂、気が～/性急
暖かい④	あたたかい	温暖、暖和
温かい④	あたたかい	温情、亲切、～人/热心肠的人
柔らかい④	やわらかい	柔软、软和的(面包)、和煦的(阳光)

形容词 (長的)

面白い④	おもしろい	有意思、有趣、滑稽、可笑
青白い⓪	あおじろい	月白色、(月亮)青色、(脸色)苍白
薄暗い⓪	うすぐらい	发暗、微暗
塩辛い④	しおからい	咸
蒸し暑い④	むしあつい	闷热
物凄い④	ものすごい	可怕的(表情)、恐怖、～速さ/惊人的速度
力強い⑤	ちからづよい	有信心、心里踏实、强有力
面倒臭い⓪	めんどうくさい	极为麻烦

形容词 (短的)

濃い①	こい	(色、味)深、浓、重、浓(雾)
青い②	あおい	蓝色、(果实未成熟)青、绿色
蒼い②	あおい	(脸色)苍白
赤い⓪	あかい	红、橘红、赤くなる/满脸通红
浅い⓪	あさい	浅、短促、轻微、経験が～/经验少
厚い⓪	あつい	厚、浓(云)、诚挚、热情
熱い②	あつい	(温度)热、～お茶/热茶、(感情)热、热烈
暑い②	あつい	(天气)热
甘い⓪	あまい	甜、轻松的(音乐)、(汤)淡、宽容、(螺丝)松了
荒い⓪	あらい	(性格)粗暴
粗い⓪	あらい	粗略、大致地(估计)、粗糙
旨い②	うまい	好吃、香、高明、話が～/会说话、～く行く/进展顺利
偉い②	えらい	伟大、高尚、地位高、身份高、～騒ぎ/大骚乱
遅い⓪	おそい	足が～/走路慢、帰りが～/回家晚、(时间)迟
重い⓪	おそい	沉、(病)重、(心情)沉重、(动作)迟缓、口が～/不爱说话
固い(硬い/堅い)⓪	かたい	坚硬、坚实、生硬
痒い②	かゆい	痒、刺痒
辛い②	からい	辣、咸、点が～/给分严
きつい⓪		～くしかる/严厉申斥、厉害严格、(衣服)紧、烈(酒)
清い②	きよい	清、清澈、纯洁、洁白

臭い②	くさい	臭、有臭味、(那个男人)可疑
くどい②		罗嗦、絮叨、冗长、(颜色、味道)浓
暗い⓪	くらい	(光线)暗、(色调)暗淡、(心情)不舒畅、法律に～/ 不熟悉法律
黒い②	くろい	黑、～手/ 脏手
煙い⓪	けむい	呛人、熏人
凄い②	すごい	可怕、吓人、很、～く暑い/热得厉害
ずるい②		狡猾、滑头
狭い②	せまい	窄小、(街道)狭窄、心が～/小心眼儿
高い②	たかい	高、(价钱)贵、鼻が～/ 自高自大、頭が～/ 傲慢无礼、目が～/有眼力
近い②	ちかい	(空间、时间的距离)近
強い②	つよい	强(风)、気が～/ 刚强、好胜
辛い⓪	つらい	痛苦、～世の中/ 艰难的世道、苛刻、刻薄
長い②	ながい	(距离)长、～ひも/ 长绳
苦い②	にがい	苦(药)、痛苦、不愉快、～顔/哭丧着脸
憎い②	にくい	可憎、可恶
鈍い②	にぶい	(刃具)钝、頭が～/头脑迟钝、(光线、声音)弱
温い②	ぬるい	微温、半凉不热、不严厉、温和
鈍い②	のろい	(速度)慢、足が～/脚步慢、(头脑)迟钝、(动作)笨
速い②	はやい	速度、足が～/ 跑得快
低い②	ひくい	矮、低贱、地位が～/地位低
酷②	ひどい	厉害、～寒さ/ 极为寒冷、～しうち/ 残酷的行为
深い②	ふかい	深、(知识)丰富、(草)茂密
太い②	ふとい	粗、胆(きも)が～/ 胆大、(声音)低沉、腹が～/有度量
細い②	ほそい	细、(声音)尖细、神経が～/神经质
まずい②		不好吃、～魚/ 难吃的鱼、字が～/ 字难看、不方便
丸い⓪	まるい	圆形、～顔/圆脸、没棱角、圆满、妥善
緩い②	ゆるい	靴が～/ 鞋子松大、警戒(けいかい)が～/ 警戒松懈、迟缓
若い②	わかい	年轻、有朝气
悪い②	わるい	不道德、不礼貌、坏、運が～/运气不好、差
危うい⓪	あやうい	危险、差一点就……、几乎
五月蝿い③	うるさい	吵、ラジオが～/ 收音机吵人、爱唠叨
賢い③	かしこい	明、伶俐、(处理事物)高明、周到
可愛い③	かわいい	可爱、令人疼爱、小巧玲珑的(箱子)
黄色い⓪	きいろい	黄颜色、(女子、小孩的)尖叫声
四角い③	しかくい	四方形、～顔/ 方脸
しつこい③		(色、香、味)浓艳、腻人、纠缠不休、～人/ 死抠的人

酸っぱい③	すっぱい	酸
鋭い③	するどい	锋利、快、锐利、頭が〜/头脑敏锐
醜い③	みにくい	不好看、难看、丑恶、〜身なり/难看的装束
早い②	はやい	早、〜く起きる/早起、为时尚早

附录4 日语惯用句索引

原　　型	解　　释
ああ言えばこう言う	强词夺理
あがきがとれない	动弹不得
あぐらをかく	盘腿坐
あけに染まる	浑身沾满鲜血
あごが落ちる	非常好吃(形容食品味道极佳)
あごが干上(が)る	穷困潦倒
あごで使う	居高临下,支使别人
あごを出す	极度疲劳
あごをなでる	自鸣得意
あごを外す	大笑
あさっての方を向く	走错了方向
あずさにのぼす	付梓,出版
あずま男に京女(きょうおんな)	关东男配京都女(理想的夫妻)
恩をあだで返す	恩将仇报
あつものに懲(こ)りて膾(なます)を吹く	惩羹吹齑
あばたもえくぼ	情人眼里出西施
あぶはち取らず	逐两兔则一兔不得,贪多嚼不烂
あめをなめさせる(しゃぶらせる)	投其所好
あわびの片思(かたおも)い	单相思,剃头挑子一头儿热
アンテナが高い	消息灵通
いざというとき	万一,一旦有什么事
いすかの嘴(はし)(の食い違い)	事与愿违,不如意
いたち最後っぺ	最后一招儿,最后的绝招
かえるの子はかえる	有其父必有其子
かえるの面(つら)に水	满不在乎
かえるは口から呑まれる	祸从口出
かえるの願立て	顾前不顾后
かぎゅう角上(かくじょう)の争い	无谓之争
かごの鳥	笼中鸟
かさに着る	仗势欺人
かさにかかる	盛气凌人

原　　型	解　　释
かじをとる	掌舵
親のすねをかじる	靠父母养活
かすみを食って生きる	喝西北风过活
かっぱの屁	易如反掌
かなえの軽重を問う	问鼎之轻重,谁主沉浮
かには甲羅に似せて穴を掘る	量力而行
かぶとを脱ぐ	投降,认输
かまをかける	用话套话
かみそりの刃を渡る	冒险
かむんで含めるように教える	谆谆教诲
かむませて呑む	吃现成的
かむ馬はしまいまでかむ	本性难移
かめの甲(こう)より年の功(こう)	姜是老的辣
かもがねぎをしょって来る	好事送上门来
かゆいところに手が届く	体贴入微,照顾得无微不至
からすの行水(ぎょうずい)	(洗澡)泡一泡就出来
からすの雌雄(しゆう)	难以区别
からすのぬれば色	黑油油的头发
鵜(う)のまねをするからす	东施效颦
さじを投げる	(医生认为无法医治)撒手不管
さたの限り	岂有此理
地獄のさたも金次第	有钱能使鬼推磨
さばを読む	谎报数量,在数量上搞鬼骗人
しかを追う者は山を見ず	逐鹿者不见山
しがにもかけない	置之不理
しがにかけるに足らず	不足挂齿
しし身中の虫	败坏佛门的佛家弟子
地獄の沙汰(さた)も金しだい	有钱能使鬼推磨
しっぽを出す	露出马脚
しっぽをつかむ	抓住把柄
しっぽを巻く	夹着尾巴逃跑
しゃくにさわる	生气,发怒
しゃくの種(たね)	令人生气的原因
シャッポをぬぐ	认输,投降
しりが重い	懒惰,不爱动

原型	解释
しりが軽い	动作敏捷
しりに敷く	妻子欺压丈夫
たい の尾よりいわしの頭	宁为鸡首,不为牛后
たががゆるむ	箍松了
タクトを取る	指挥(演奏)
帯に短したすきに長し	高不成低不就
たで食う虫もすきずき	人各有所好
たなからぼたもち	福从天降
たなにあげる	束之高阁
だめを押す	一再叮嘱
たもとをわかつ	离别
ちょうちんに釣(つ)り鐘(がね)	无法比拟,相差甚远
ちょうちん持(も)ち	打灯笼的人
ちりも積れば山となる	积土成山
つえをひく	散步
首がつながる	留任,继续任职
つむじを曲げる	找别扭
つめに火をともす	非常小气
なしのつぶて	(去信后无回信)杳无音信,石沉大海
胸をなで下ろす	放心
なまくらになおすくすりなし	朽木不可雕
なめくじに塩	知难而退
ならくの底(そこ)	九泉之下
なわにかかる	落入法网
なんでもない	没什么,不要紧
なんでも屋(や)	样样通,什么都想干的人,什么都会一点儿的人
なんのかの	各种各样,这样那样
故郷ににしきを飾る	衣锦还乡
やむをえぬ	不得已
はしにも棒にもかからない	软硬不吃
はとに豆鉄砲	晴天霹雳
はらわたが腐る	灵魂肮脏
はらわたがちぎれる	肝肠寸断
はらわたが煮えくりかえる	怒不可遏
はれ物にさわる	提心吊胆

原　型	解　释
ひいきの引き倒し	偏袒反倒使人变坏
ひげのちりをはらう	阿谀奉承
ひざを打つ	(忽然想起或佩服某人时) 拍大腿
ひざをくずす	舒展地(随便地) 坐
ひざを進める	往前凑,凑近对方
ひざを正す	端坐
ひざを交える	促膝交谈
ひさしを貸しておもやを取られる	恩将仇报,得寸进尺
ひじ鉄砲を食わせる	严厉拒绝
まくらをおさえる	不让对手抬头
まな板にのせる	提到议事日程上,提到桌面上
まぶたの母	留在记忆中的母亲
まぶたにうかぶ	浮现在眼前
まゆにつばを塗る	提高警惕,以防受骗
まゆに火がつく	火烧眉毛,迫在眉睫
まゆをひそめる	皱眉,愁眉不展
高みの見物	坐山观虎斗,袖手旁观,作壁上观
みそもくそもいっしょ	良莠不分
やくろう中の物	随时都能用得上的东西(或人)
やぶから棒(ぼう)	突然,没头没脑地
やぶをつついて蛇を出す	打草惊蛇,自寻苦恼
やみからやみに葬る	暗中掩盖过去
やみ夜に鉄砲	没有目标,盲目行动
やり玉に上げる	被当做攻击、责难的对象,众矢之的
よしの髄から天井のぞく	坐井观天
愛想が尽きる	讨厌,唾弃
安い物は高い物	便宜货并不便宜
安かろう悪かろう	便宜没好货
案ずるより産(う)むがやすい	事情并不都像想象的那样难
八重の潮路(しおじ)	重洋
腰を抜かす	瘫软不起
抜差しならない	进退维谷,一筹莫展
抜目がない	没有漏洞,周到
百も承知	知道得清清楚楚
敗軍の将,兵を語らず	败军之将不可言勇

原　型	解　释
板につく	恰到好处,恰如其分,熟练,在行
棒に振る	前功尽弃
棒を折る	半途而废
宝の持ち腐(ぐ)され	好钢不用在刀刃上,捧着金碗讨饭
飽きが来る	厌烦,厌倦
背に腹はかえられぬ	为了更大的利益只好牺牲小的利益,丢卒保车
背を向ける	转过身去
団栗の背比べ	半斤八两,不相上下
背筋が寒くなる	脊背发凉
鼻が高い	得意洋洋
鼻であしらう	待答不理
鼻にかける	自满
鼻につく	厌腻
鼻の下が長い	迷恋女色
鼻もひっかけない	毫不理睬
鼻をあかす	出其不意
鼻を折る	挫人锐气
鼻を突き合わす	面对面
鼻を突く	(气味)扑鼻
鼻を鳴らす	撒娇
鼻息が荒い	盛气凌人
筆舌に尽くしがたい	非笔墨言词所能形容
筆紙尽くしがたい	笔墨难以形容
彼を知り己(おのれ)を知る	知己知彼
彼も一時此(これ)も一時	彼一时,此一时
閉塞状態	闭塞状态
必要は発明の母	需要是发明之母
壁に耳あり	隔墙有耳
辺りを払う	威风凛凛
相手変るればあるじ変るらず	以不变应万变
変哲もない	没有出奇的地方
弁慶の泣きどころ	(强者也有)弱点,致命点
うち弁慶	在家称雄,窝里横
氷を歩む	如履薄冰
病は気から	病情的好坏在于情绪

原　型	解　释
波に乗る	乘势,跟上潮流
不帰の客	死去的人
不問に付す	置之不问,不加追究
不幸中の幸い	不幸中之大幸
草の根を分けて探す	遍地寻找
草木にも心をおく	草木皆兵
草木も眠(ねむ)る	夜深人静
長い目で見る	从长远的观点来看
長い物には巻かれろ	胳膊拧不过大腿
尻が長い	久坐不走
気が長い	慢性子
長蛇を逸する	坐失良机
車軸を流す	瓢泼大雨
志あれば事ついに成る	有志者事竟成
誠がさす	顿生歹意
乗りかかるった船	骑虎难下,既然开始就只好干下去
肩を持つ	支持,袒护
もちつもたれつ	互相帮助
恥の上塗り	再次丢脸
恥を晒す	露丑
歯が立たない	咬不动
歯に衣を着せない	直言不讳
歯の抜けたよう	残缺不全
歯の根が合わない	(因寒冷、恐怖)发抖
歯には歯を	以牙还牙
歯を食いしばる	咬紧牙关(忍痛等)
尺を打つ	量尺寸
尺を取る	量尺寸
赤子の手をひねる	易如反掌,不费吹灰之力
虫がいい	随意,称心,只顾自己好
虫が知らせる	有种不祥的预感
虫がつく	生虫了
臭い物にハエたかる	物以类聚
臭いもの身知らず	乌鸦落在猪身上
臭いものに蓋(ふた)をする	掩盖丑事,遮丑

原　型	解　释
出ばなをくじく	当头一棒子
出る杭は打たれる	出头的椽子先烂
鬼も十八,番茶も出花	丑女十八也好看,粗茶新沏味也香
触るらぬ神にたたりなし	多一事不如少一事
触手を伸ばす	拉拢
船をこぐ	划船
船頭多くして船山に登る	人多砌倒墙
寸鉄人を刺す	寸铁伤人,警句短而恰中要害
大の虫を生かして小の虫を殺す	丢卒保车
大は小を兼ねる	大能兼小
大きなお世話	多管闲事
大きな顔	摆架子,自命不凡
大船に乗ったよう	放宽心,高枕无忧
大山鳴動して鼠一匹	雷声大,雨点小
大事の前の小事	要完成大事不可忽略小事
大手を振る	大摇大摆,公然
大義親(しん)を滅(めつ)す	大义灭亲
帯に短したすきに長し	高不成低不就
袋のねずみ	囊中物,瓮中之鳖
知恵を貸す	给出主意
耳を貸す	听取意见
胆が座る	有胆量,镇定自如
当るべからざる勢い	锐不可当之势,势不可当
当るらずといえども遠からず	虽不中亦不远矣
当る八卦(はっけ)当るらぬも八卦	打卦算命一半儿不灵
盗人たけだけしい	贼喊捉贼
盗人に追銭(おいせん)	鸡飞蛋打,赔了夫人又折兵
盗人を見てなわをなう	临渴掘井,临阵磨枪
盗人にかぎをあずける	开门揖盗
盗人にも三分(さんぶ)の理あり	无理辩三分
盗人の提燈持(ちょうちんもち)	为虎作伥
盗人の番には盗人を使え	以毒攻毒
盗人捕えて見れば我が子なり	手足无措,难处理
得手に帆(ほ)をあげる	顺风扬帆
灯台下(もと)暗(くら)し	丈八灯台照远不照近

166

原　型	解　释
灯心で鐘をつく	力不从心
水の滴るような美人	水灵灵的美人
笛吹けども踊らず	怎样诱导也无人响应
敵は本能寺(ほんのうじ)にあり	声东击西
底が浅い	肤浅
底をたたく	用尽,用光
底知(し)れない	莫测高深
地の果(は)て	天涯海角
一敗地に塗(まみ)れる	一败涂地
地を払(はら)う	一扫而光
地獄耳	过耳不忘
地獄で仏に会う	意外得救
地獄の沙汰も金次第	有钱能使鬼推磨
借りる時の地蔵顔返す時の閻魔顔(えんまがお)	借时满脸笑容,还时面目狰狞
峠を越す	渡过危险期
点滴石をうがつ	水滴石穿
畳水練(すいれん)	纸上谈兵
豆腐にかすがい	豆腐上钉锔子,白费,无效
毒を食わらば皿までも	一不做,二不休
毒をもって毒を制す	以毒攻毒
毒にも薬にもならない	治不了病,也要不了命;既无害也无益
毒気を抜かれる	吓破了胆
毒蛇の口	灾难临头,危险场所
渡りに船	顺水推舟,见台阶就下
渡る世間に鬼はない	世上总有好人
短気は損気	性急吃亏
対岸の火事	隔岸观火
盾に取る	借口
額を集める	聚集在一起商量
悪銭身に付かず	来路不正的钱容易乱花(存不住)
悪事千里を走る	坏事传千里
恩に着(き)せる	让人感恩
恩に着(き)る	感恩不忘
恩を仇(あだ)で返す	恩将仇报
恩を売る	讨好,施恩图报

原　型	解　释
耳が痛い	刺耳，不耐听
耳が遠い	耳背，耳聋
耳にたこができる	听腻了
耳を傾ける	注意听
二つ返事	满口答应
二また膏薬(ごうやく)	墙头芦苇，骑墙派
二階から目薬(めぐすり)	隔靴搔痒
武士に二言はない	君子一言
髪をおろす	削发出家
反りが合わぬ	性格不合
正気に返る	苏醒
われに返る	清醒
坊主憎けりゃ袈裟まで憎い	恨和尚看到袈裟也来气(厌其人而及其物)
飛ぶ鳥を落とす	权势极大
風の便り	风闻
風の吹き回し	情况，情形
風を食らう	闻风而逃
風枝を鳴らさず	风平浪静
風にくしけずり，雨に沐(かみあら)う	栉风沐雨
風は吹けども，山は動かず	任凭风吹浪打，我自岿然不动
風を切る	风驰电掣
風を吸い露を飲む	风餐露宿
風上にも置けない	臭不可闻
腹に風穴を明ける	(用枪等)穿透胸膛
仏作って魂入れず	救人救不到底
仏の顔も三度	事不过三
敷居が高い	不好意思登门
浮ぶ瀬(せ)がない	没有出头之日
符節を合(がっ)する	严丝合缝，完全一致
腐ってもたい	瘦死的骆驼比马大
覆水盆に返らず	覆水难收
腹が黒い	黑心肠
腹が減っては軍(いくさ)はできぬ	不吃饭什么也干不成
腹に一物(いちもつ)	心怀叵测
腹の皮をよじる	捧腹大笑

原　型	解　释
腹も身のうち	节食养身
腹を割る	推心置腹
腹を探る	刺探他人之心
腹八分に医者いらず	吃饭八分饱,不把医生找
負ううた子に教えられる	受孺子之教
肝が太い	胆子大
肝に銘じる	铭记在心
肝をつぶす	吓破胆
肝を冷やす	胆战心惊
肝がすわる	沉着胆壮
紺屋の白(しろ)ばかま	无暇自顾
紺屋のあさって	一拖再拖
高が知れる	有限的
高をくくる	没放在眼里
高根の花	可望不可即
根に持つ	怀恨在心
根も葉もない	无中生有,毫无根据
根を下ろす	扎根
功成(な)り名遂ぐ	功成名就
弓折れ矢(や)つく	筋疲力尽
骨と皮	瘦得皮包骨
骨に刻む	刻骨铭心
骨までしゃぶる	敲骨吸髓
骨が舎利になっても	纵死也(不)……
骨を刺す	(寒冷)刺骨
骨を拾う	处理善后
骨肉相食(あいは)む	骨肉相残
骨身にこたえる	彻骨
骨身を惜しまず	不辞辛苦
骨身を削(けず)る	粉身碎骨
故郷へ錦(にしき)を飾る	衣锦还乡
雨降って地(じ)固まる	坏事变好事
袴を固める	成家立业
思いを掛ける	思念
掛ける気に	关心

原　型	解　释
号令を掛ける	发号施令
いたちの道	断交,音信不通,断绝往来
いはいを汚(けが)す	有辱门风
いわしの頭も信心から	心诚则灵
うのまねをする烏(からす)	东施效颦
うの目鷹(たか)の目(め)	瞪着眼睛(寻找)
うそから出たまこと	弄假成真
うそも方便(ほうべん)	说谎也是权宜之计
うつつを抜かす	迷恋
うどの大木(たいぼく)	大草包
うなぎ登(のぼ)り	直线上升
うまい汁を吸う	占便宜,捞油水
うりのつるになすはならぬ	瓜蔓上结不出茄子
うり二つ	一模一样
うわさをすれば影(かげ)がさす	说曹操,曹操就到
えびで鯛(たい)をつる	抛砖引玉
おうむ返(がえ)し	鹦鹉学舌
おくびにも出さない	只字不提
おごる勝っておごるらず負けて悔まず	胜不骄,败不馁
おごる者(もの)は久(ひさ)しからず	骄兵必败
おぼれる者はわらをもつかむ	溺水者连稻草也抓,饥不择食
お百度を踏む	百次拜庙
お茶を濁(にご)す	支吾搪塞
からすのお灸(きゅう)	口疮
かれこれするうちに	不知不觉中
かわいい子には旅をさせよ	不可娇生惯养
後のがんが先になる	后来居上
がんが飛べば石がめも地団駄(じだんだ)	不自量力
かんたんの歩(あゆ)み	邯郸学步
かんたんの夢	邯郸之梦,黄粱美梦
きじも鳴(な)かずば打たれまい	祸从口出
きつねにつままれる	被狐狸迷住
きつねの嫁入り	成排的磷火
きばを鳴らす	咬牙切齿
きばをとぐ	伺机进攻

原　型	解　释
きびすを返す	往回走
きりんは老いては駑馬に劣る	老麒麟不如驽马
糠(ぬか)にくぎ	徒劳无功
くぎを刺す	定死,说定
くしの歯のように並ぶ	鳞次栉比
くしの歯をひく	接二连三地
くちばしを入れる	插嘴
くちばしが黄色い	小毛孩子
くもの子を散らす	四散奔逃
けちがつく	不顺利
けちをつける	说丧气话
鳥なき里(さと)のこうもり	无鸟之乡,蝙蝠称王
二股(ふたまた)こうやく	脚踏两只船
ことばじりをとらえる	挑字眼儿
ごまをする	阿谀,拍马
こまめの歯軋(はぎし)り	胳膊拧不过大腿
しりに火がつく	燃眉之急
しりを拠える	能长久待下去
しりを持ち込む	推卸责任
しり目にかける	斜眼瞟对方(蔑视)
すえぜん食わぬは男の恥	不接受女人的求爱是男子汉的耻辱
すずめの涙	微乎其微,一点点
すずめ百まで踊り忘れず	禀性难易
すねに傷を持つ	心怀鬼怡
親のすねをかじる	靠父母养活
そでにする	疏远
ないそでは振れぬ	巧妇难为无米之炊
そでを絞る	泪满衣襟
そでの下	贿赂
そでを引く	暗中勾结
そでを連ねる	联合行动
そで振り合うも他生の縁	萍水得相逢,缘分在前生
そ上にのせる	提出来加以评论
そ上の魚・そ上の鯉	俎上肉
つめ のあかほど	极少,一星半点

原　型	解　释
つめ のあかを煎(せん)じて飲む	学别人样儿
つる の一声	权势者一锤定音
つるは千年カメは万年	(祝寿语)千年鹤,万年龟
てこでも動かない	怎么弄也不动,顽固
とうが立つ	长梗
どうかすると	有时,偶尔
どうかと思う	不以为然
とうろうの斧	螳臂挡车
とぐろを巻く	盘成一团,盘踞
とびが鷹を生む	平凡的父母生出聪明的孩子,鸡窝里飞出金凤凰
とびに油揚をさらわれる	好容易到手的东西突然被夺走
とらの威を借(か)る狐	狐假虎威
とらの尾を踏む	冒极大危险
どんぐりの背比べ	半斤八两,不相上下
言わぬが花	不说为妙,少说为佳
知らぬが仏(ほとけ)	眼不见,心不烦
ぬかに釘(くぎ)	徒劳无功
ぬれ手で粟(あわ)	不劳而获
のしを付ける	情愿赠送
のどが鳴る	馋(酒馋)得要命
のどから手が出る	渴望得到手,想得要命
のど元過ぎれば熱さを忘れる	好了伤疤忘了痛
のみの夫婦	妻子比丈夫身材高大的夫妇
のれんに腕(うで)押し	徒劳无益
のれんを分ける	商店允许多年的老店伙用同一字号开业
ひとみを凝(こ)らす	凝视
ひょうたんから駒(こま)	弄假成真,事出意外
ひょうたんなまず	不得要领,无法捉摸
話に尾ひれをつける	夸大其词
ひんしゅくを買う	惹人讨厌
へそで茶をわかす	捧腹大笑
へそを曲げる	别扭起来
べそをかく	小孩要哭,哭脸
へどが出る	作呕,恶心
ペンを折る	停笔

原　型	解　释
ベンチを暖める	留下作为候补选手
ほぞを固める	下决心
ほぞをかむ	后悔
ぼだいを吊(とむら)う	祈祷亡人的冥福
みそをする	献媚,阿谀奉承
みそをつける	失败,受挫折
めがねにかなう	受到赏识
メガホンをとる	当导演
めくらに提燈(ちょうちん)	瞎子点灯白费蜡
めっそうもない	没有的事,哪里的话
もちは餅屋(もちや)	各有所长,行行出状元
もとどりを切る	出家
気をもむ	担心,忧虑
よそに見る目	别人看,旁观
よりを戻(もど)す	破镜重圆,复婚,恢复关系
らちがあかない	(事情)没有结论
らちもない	无价值,不得要领
らっぱを吹く	吹牛,说大话
ローマは一日(いちにち)にして成(な)らず	罗马不是一日建成的
わき目も振らず	聚精会神
歯牙(しが)にも掛けるけない	不足挂齿
手塩(てしお)に掛けるけて育てる	精心抚育
怪我の功名(こうみょう)	歪打正着
冠を曲げる	不高兴,闹情绪
管を巻く	翻来覆去说醉话
帰するところ	总之,归根到底
帰るらぬ旅に出る	成了不归之客
鬼の目にも涙	石头人也会流泪
鬼も十八番茶(ばんちゃ)も出花(でばな)	十七十八无丑女
鬼が出るか蛇(じゃ)が出るか	吉凶莫测
鬼に金棒(かなぼう)	如虎添翼
鬼の居(い)ぬ間(ま)に洗濯	老猫不在家小老鼠闹翻天
鬼の首を取ったよう	洋洋得意
果報は寝て待て	有福不用忙
過ちの功名	因过得功

173

原型	解释
海の物とも山の物ともつかない	将来究竟如何还很难说,前途未卜
汗水を流す	流汗,比喻辛勤劳动
好きこそ物の上手なれ	有了爱好才能做好
たで食う虫も好き好き	各有所好
好事魔多し	好事多磨
恨み骨髄に徹する	恨之入骨
恨みを飲む	饮恨
横を向(む)く	不理睬
桁が違う	相差悬殊
後の雁(かり)が先になる	后来者居上
後の祭り	马后炮,贼走关门,雨后送伞,正月十五贴对子
後は野となれ山となれ	不管结果如何,后事与我何干
後へ引く	后退,退步
後を追う	追踪,跟踪
後を引く	没完没了,无尽无休
後足で砂をかける	临走给人留下麻烦,过河拆桥
花と散る	夭折
花も実もある	有名有实
花より団子(だんこ)	舍华求实
花を咲かせる	使……热烈起来
話にならない	不像话
話には花が咲く	越说越能说
話半分(はんぶん)	只有一半话可信
荒肝をひしぐ	吓唬,吓坏,恐吓,吓破胆
黄色い声	(妇女、小孩的)尖叫声
眼を輝かす	眉飞色舞
会うは別れの始め	有聚必有散
会わせる顔がない	无脸见人
会心の笑(え)みをもらす	露出得意的微笑
魂を入れ替える	脱胎换骨
火の消えたよう	毫无生气
火のついたよう	非常忙乱
火のないところに煙は立たぬ	无风不起浪
火を見るより明らか	洞若观火
火ぶたを切る	开枪

原　型	解　释
火花を散らす	激烈争论
火中の栗を拾う	火中取栗
跡が絶える	人迹消失,绝迹
跡を絶つ	绝迹
跡を濁す	留下麻烦,留下劣迹
跡を引く	延续下去,一直持续下去
疾風迅雷(じんらい)	疾风迅雷,神速
疾風怒涛(どとう)	风急浪险
疾風に勁草(けいそう)を知る	疾风知劲草
急がば回れ	欲速则不达
寄るとさわると	一到一起就……
あとの祭	雨过送伞,马后炮
甲羅を経る	老于世故
甲乙てなし	不分上下
仮面をかぶる	戴假面具,作伪
時を稼ぐ	争取时间
間が抜ける	沮丧,发傻,失误
間が悪い	运气不佳,不凑巧
肩で息をする	呼吸困难
肩で風を切る	得意洋洋
肩の荷がおりる	如释重负
肩をいからす	发脾气
肩を入れる	偏袒
肩を並べる	并肩,并驾齐驱
肩を持つ	支持……,袒护……
高見(たかみ)の見物	袖手旁观
将棋倒し	一倒一串
江戸のかたきを長崎で討つ	江户的仇在长崎报,张家的仇错在李家报
降るほど	非常多
教えの庭(にわ)	学园,学校
脚光を浴びる	上演,登场,引人注目
角が立つ	粗暴,有棱角
角突き合わせる	顶牛,闹别扭
角を出す	女人嫉妒,吃醋
角をためて牛を殺す	矫角杀牛

附录 4　日语惯用句索引

原型	解释
結構づくめ	万事大吉
結構な人柄	老好人
猫の手も借りるりたいほど忙しい	忙得不可开交
今は昔	(用于故事开头)从前
今もって	直到现在,至今
金がうなる	攒了很多钱
金に飽(あ)かす	不惜花费
金に糸目をつけない	花钱不心疼
金に目がくらむ	财迷心窍
金の切れ目が縁の切れ目	钱在人情在,钱尽人情断
金がものをいう	金钱万能
金のために血も涙もない	为富不仁
金くぎ流(りゅう)	拙劣的书法,涂鸦
金づちの川流れ	一沉到底
金てこおやじ	铁杆老顽固
鬼に金棒	猛虎添翼
精神一到(いっとう)何事かならざらん	有志者事竟成
鏡にかけてみるが如し	昭然若揭
酒は百薬(ひゃくやく)の長(ちょう)	酒是百药之长
旧交をあたためる	重叙旧谊
居ても立ってもいられない	坐立不安
虫の居所が悪い	情绪不好
開くいた口がふさがらない	目瞪口呆,张口结舌
堪忍袋の緒が切れる	忍无可忍
口をのりする	勉强维持生活
口が重い	话少,慎言
口が固い	嘴严,嘴紧
口が軽い	嘴不严,嘴快
口がすっぱくなる	苦口(规劝)
口がすべる	说走嘴
口が悪い	嘴损
口に合う	合口味儿
口にする	吃
口に乗る	被说出来
口も八丁(はっちょう)手も八丁	能说也能干

原　　型	解　　释
口は災いの門(かど)	祸从口出
口をきく	说话
口をそろえる	异口同声
口をついて出る	脱口而出
口をとがらす	撅嘴
口を割る	坦白，招认
口車に乗せる	上当
口火を切る	开头
口角泡を飛ばす	口若悬河
枯木に花	枯木开花，返老还童
枯木も山のにぎわい	聊胜于无
苦あれば楽あり	先苦后甜，有苦就有甜
苦しい時の神頼み	急时抱佛脚
快刀乱麻(らんま)を断つ	快刀斩乱麻
来年のことを言うと鬼が笑う	今年不说明年的话
青は藍より出でて藍より青し	青出于蓝而胜于蓝
涙をのむ	忍气吞声
涙に暮れる	悲痛欲绝
冷飯を食う	遭到冷遇
裏には裏がある	话中有话，内情复杂
裏の裏を行く	将计就计
裏をかく	将计就计
裏をとる	核实真伪
裏おもてがあべこべだ	是非颠倒
立て板に水を流す	口若悬河
立志伝中の人	勤奋成才英雄谱中之人物
粒がそろっている	一个赛一个
幅を利かせる	神通广大
力が抜ける	没劲儿
力及ばず	力不从心，力所不及
力の限り	竭尽全力
力を落す	失望，泄气
恋は思案の外(ほか)	爱情是不能用常情加以衡量的
両手に花	左手揽金右手拿银，天下美事属一身
河童(かっぱ)の川流れ	淹死会水的

原型	解释
流れるような弁舌(べんぜつ)	口若悬河
柳に風	逆来顺受,应付过去
柳に雪折(おれ)なし	柔能克刚
柳の下にいつも泥鰌はいない	不可守株待兔
旅の恥はかき捨て	旅途中的丑事,不当回事
旅は道連れ世は情け	出门靠旅伴,处世靠人情
律儀者(もの)の子沢山(こだくさん)	忠厚人家子孙多
輪をかける	夸大其词
論より証拠	事实胜于雄辩
論をまたない	无须讨论,自不待言
麻の中の蓬(よもぎ)	蓬生麻中,不扶而直
馬が合う	性情相投,合脾气
馬の耳に念仏(ねんぶつ)	对牛弹琴
馬は馬づれ	物以类聚
馬を鹿に通す	指鹿为马
馬車馬(うま)のように	聚精会神地,盲目地
一脈相通ずる	一脉相通
忙中閑(かん)あり	忙中有闲
猫に小判	对牛弹琴
猫の手も借りたい	忙得团团转
猫の目のようにかわる	变化无常
猫もしゃくしも	有一个算一个,无论谁都
……に毛のはえたもの	比……略好些
毛を吹いて疵(きず)を求む	吹毛求疵
枚挙にいとまがない	不胜枚举
口はわざわいの門	祸从口出
門前市(いち)をなす	门庭若市
門前の小僧(こぞう)習わぬ経(きょう)を読む	耳濡目染,不学自会
夢の世	梦幻世界
夢を描く	空想,描述理想
綿のように疲れる	累得筋疲力尽
面の皮が厚い	厚颜无耻
冥加に尽きる	得到极大的幸福
冥加に余る	幸运至极
明るみに出る	表面化,暴露出来

原　　型	解　　释
あしたはあしたの風が吹く(あすにはあすの風が吹く)	今朝有酒今朝醉
鳴く猫は鼠を捕らぬ	爱叫的猫不拿耗子
鳴りを潜(ひそ)める	静悄悄
名に背(そむ)かない	不愧为……
名は体(たい)を表す	名副其实
名もない	不出名的,无名的
名をなす	成名
名を残す	留名
名前負け	名不副实,徒有其名
命あっての物種(ものだね)	纵有万贯财,死后一场空
木から落ちたさる	无依无靠的人
木静かならんと欲(ほっ)すれども風止(や)まず	树欲静而风不止
木で鼻をくくる	冷淡,待答不理
木に竹をつぐ	不协调,不合情理
木によりて魚(うお)を求める	缘木求鱼

附录5 第一册单词索引

单　词	假　名	课次	单　词	假　名	课次
相次ぐ	あいつぐ	13	大幅	おおはば	18
相手	あいて	10	臆する	おくする	1
空く	あく	4	終わる	おわる	8
味違う	あじちがう	10	温度	おんど	6
扱う	あつかう	15	会議	かいぎ	1
アピール	アピール	13	快挙	かいきょ	12
操る	あやつる	9	会見	かいけん	18
謝る	あやまる	5	快晴	かいせい	3
新た	あらた	19	会談	かいだん	19
改めて	あらためて	19	回復	かいふく	13
歩き回る	あるきまわる	2	確信	かくしん	9
育成	いくせい	12	確認	かくにん	5
遺骨	いこつ	17	家具屋	かぐや	2
意識	いしき识	7	駆け込む	かけこむ	2
イスラム教	イスラムきょう	13	過剰	かじょう	16
遺族	いぞく	17	画像	がぞう	14
一貫	いっかん	18	数える	かぞえる	8
一瞬	いっしゅん	9	格好	かっこう	5
一斉	いっせい	13	活躍	かつやく	12
一層	いっそう	16	活用	かつよう	14
違反	いはん	18	兼ねる	かねる	19
イラク	イラク	13	我慢	がまん	4
引退	いんたい	12	体	からだ	6
浮かぶ	うかぶ	4	カレンダー	カレンダー	8
宇宙船	うちゅうせん	11	感覚	かんかく	5
打つ	うつ	10	頑固	がんこ	3
埋める	うめる	4	看護婦	かんごふ	10
裏ルール	うらルール	16	患者	かんじゃ	10
英気	えいき	8	感ずる	かんずる	3
衛星	えいせい	11	観測	かんそく	14
栄養分	えいようぶん	6	監督	かんとく	16
駅	えき	5	管理	かんり	20
延期	えんき	13	キーマン	キーマン	1

单　　词	假　　名	课次	单　　词	假　　名	课次
企画	きかく	1	玄関	げんかん	2
訊く	きく	9	検収	けんしゅう	14
紀元	きげん	8	原則	げんそく	7
技術	ぎじゅつ	14	憲法	けんぽう	19
気象庁	きしょうちょう	3	原油	げんゆ	18
犠牲	ぎせい	17	合格	ごうかく	11
期待	きたい	12	公休	こうきゅう	15
希薄	きはく	7	後継	こうけい	19
規範	きはん	16	攻撃	こうげき	13
厳しい	きびしい	3	貢献	こうけん	12
逆に	ぎゃくに	9	高校	こうこう	7
客観的	きゃっかんてき	5	構築	こうちく	14
急ごしらえ	きゅうごしらえ	1	誤解	ごかい	9
休日	きゅうじつ	8	呼吸	こきゅう	6
教訓	きょうくん	10	克服	こくふく	11
共通	きょうつう	9	心地がよい	ここちがよい	6
共同	きょうどう	14	心持	こころもち	7
業務	ぎょうむ	20	誤差	ごさ	5
許可証	きょかしょう	16	個室	こしつ	10
魚雷	ぎょらい	17	答える	こたえる	6
気楽	きらく	3	骨髄	こつずい	20
記録	きろく	8	今年	ことし	20
禁止	きんし	7	異なる	ことなる	5
金融	きんゆう	18	最古	さいこ	8
空気	くうき	6	最後	さいご	15
空白	くうはく	4	最初	さいしょ	15
組合せる	くみあわせる	14	サイズ	サイズ	2
加える	くわえる	18	最大	さいだい	13
訓練	くんれん	11	細胞	さいぼう	20
計画	けいかく	14	作為	さくい	16
傾向	けいこう	7	昨日	さくじつ	15
警察	けいさつ	13	様様	さまざま	5
決議	けつぎ	18	シーア派	シーアは	13
月末	げつまつ	20	仕方	しかた	10
結論	けつろん	17	叱る	しかる	7

181

单词	假名	课次	单词	假名	课次
仕組み	しくみ	6	ショピング	ショピング	5
事件	じけん	17	書面	しょめん	1
システム	システム	11	資料	しりょう	20
沈む	しずむ	9	進学	しんがく	7
姿勢	しせい	9	審査	しんさ	11
視線	しせん	1	水蒸気	すいじょうき	14
親しい	したしい	5	水分	すいぶん	6
実現	じつげん	20	姿	すがた	9
実施	じっし	14	少なくとも	すくなくとも	13
視点	してん	7	優れる	すぐれる	1
指導	しどう	19	制裁	せいさい	18
市民	しみん	13	正常	せいじょう	18
占める	しめる	20	制度	せいど	7
車両	しゃりょう	15	性能	せいのう	11
周囲	しゅうい	5	精密	せいみつ	14
重大	じゅうだい	14	清明	せいめい	15
集団	しゅうだん	11	全豪	ぜんごう	12
周辺	しゅうへん	16	センター	センター	11
週末	しゅうまつ	8	先端	せんたん	14
重要	じゅうよう	10	造血	ぞうけつ	20
重力	じゅうりょく	14	総量	そうりょう	20
主義	しゅぎ	19	束縛	そくばく	12
出席	しゅっせき	1	速報	そくほう	12
首都	しゅと	13	措置	そち	17
主任	しゅにん	20	備える	そなえる	6
順番	じゅんばん	5	ソファー	ソファー	2
順風	じゅんぷう	12	ソリューション	ソリューション	11
巡礼	じゅんれい	13	大規模	だいきぼ	14
哨戒	しょうかい	17	大胆	だいたん	7
障害	しょうがい	12	大統領	だいとうりょう	19
上昇	じょうしょう	12	妥協	だきょう	3
情理	じょうり	18	尋ねる	たずねる	2
職責	しょくせき	19	戦	たたかう	6
処置	しょち	10	漂う	ただよう	6
職権	しょっけん	16	縦	たて	2

单　词	假　名	课次	单　词	假　名	课次
保つ	たもつ	6	どだい	どだい	1
断絶	だんぜつ	17	突然	とつぜん	4
弾道	だんどう	19	取り組む	とりくむ	16
治安	ちあん	13	取締る	とりしまる	16
地殻	ちかく	14	中身	なかみ なかみ	1
地下鉄	ちかてつ	15	眺める	ながめる	4
地区	ちく	15	納得	なっとく	9
地点	ちてん	7	握る	にぎる	2
血眼	ちまなこ	3	入院	にゅういん	10
中華	ちゅうか	20	入試	にゅうし	7
注射	ちゅうしゃ	10	任務	にんむ	11
中断	ちゅうだん	8	練るねる	ねる	1
調達	ちょうたつ	16	除く	のぞく	17
長男	ちょうなん	19	望ましい	のぞましい	1
挑発	ちょうはつ	17	伸ばす	のばす	9
追悼	ついとう	17	乗組員	のりくみいん	17
通信	つうしん	13	配達	はいたつ	2
告げ	るつげる	2	配置	はいち	16
提案	ていあん	1	パイロット	パイロット	11
提案	ていあん	7	墓参り	はかまいり	15
定例	ていれい	18	計る	はかる	2
手遅れ	ておくれ	10	爆弾	ばくだん	13
適用	てきよう	18	爆発	ばくはつ	13
手際	てぎわ	10	励ます	はげます	10
手帳	てちょう	4	恥ずかしい	はずかしい	5
撤回	てっかい	17	果たす	はたす	12
徹底	てってい	8	発言	はつげん	1
添加物	てんかぶつ	16	発射	はっしゃ	11
電車	でんしゃ	9	花形	はながた	12
電離	でんり	14	場面	ばめん	1
同士	どうし	5	速め	はやめ	15
搭乗	とうじょう	11	流行る	はやる	8
登録	とうろく	20	パラシュート	パラシュート	11
特定	とくてい	10	繁華	はんか	8
土砂降り	どしゃふり	3	反省	はんせい	7

单　词	假　名	课次	单　词	假　名	课次
反論	はんろん	3	見かける	みかける	4
被害	ひがい	13	見比べる	みくらべる	8
悲願	ひがん	12	ミッション	ミッション	11
引き替える	ひきかえる	10	醜い	みにくい	9
微生物	びせいぶつ	6	妙に	みょうに	9
引っ越す	ひっこす	2	民主	みんしゅ	9
否定	ひてい	17	目くじらをたてる		
皮膚	ひふ	6		めくじらをたてる	5
評する	ひょうする	12	メジャー	メジャー	12
ファッション	ファッション	9	メリット	メリット	11
不安	ふあん	4	目を落とす	めをおとす	1
含む	ふくむ	18	モジモジ	モジモジ	1
服喪	ふくも	19	燃やす	もやす	3
舞台	ぶたい	19	約束	やくそく	4
仏教	ぶっきょう	3	薬品	やくひん	16
文明	ぶんめい	8	役目	やくめ	6
平日	へいじつ	15	優勝	ゆうしょう	12
経る	へる	11	故	ゆえ	19
変動	へんどう	14	翌日	よくじつ	3
報じる	ほうじる	20	横	よこ	2
方針	ほうしん	18	予報	よほう	3
補助	ほじょ	14	余裕	よゆう	2
保存	ほぞん	16	来週末	らいしゅうまつ	15
墓地	ぼち	15	濫用	らんよう	16
微笑	ほほえむ	4	累計	るいけい	20
本格的	ほんかくてき	19	列挙	れっきょ	9
本土	ほんど	20	レベル	レベル	11
真黒	まっくろ	4	恋愛	れんあい	12
学ぶ	まなぶ	7	連休	れんきゅう	15
守る	まもる	6	ローマ歴	ローマれき	8
満帆	まんぱん	12	笑い飛ばす	わらいとばす	3

附录6 第一册语法索引

语　法	课次	语　法	课次
~あまり	20	~とともに	14
~う(よう)と思う	1	~ない限り	6
~うちに/~ないうちに	20	~など	16
~かぎり	9	~における/~において/~においての	14
~がたい	18	~にすれば/~にしたら/~にしてみれば	2
~かどうか	10	~について	16
~かねない	19	~によって/~により/~による	11
~かねる	19	~に基づいて/に基づき/に基づく/に基づいた	8
~可能性が高い	13	~に加える	18
~かも/~かもしれない/~かもわからない	5	~に決まっている/~に違いない/~に相違ない	2
~がる	7	~に向け/~向けだ/~向けに/~向けの	14
決して~ない	12	~ので	15
~ことにする/~こととする/~ことにしている	2	~はずだ	9
~じゃないか	7	~への	16
~ずに	12	~までに	15
~そうだ	7	~まま	17
~たいものだ	1	~やすい/~にくい	6
~たことがある	9	~ゆえ	19
~ために	5	~ようになる/~なくなる	10
~つつ/~つつも	1	~らしい/~(っ)たらしい/~がましい	4
~ていい/~てもいい	3	~を~とする	13
~てはだめだ/~てはならない/~てはいけない	10	~を~とみられる	13
~てはならず、/~てはならなく、	11	~をおいてほかに~ない	17
~てほしい	4	~を除いてほかに~ない	17
~てもらう/~ていただく	12	~を通して	6
~という	3	~を通じて	18
~という/~ということだ/~とのことだ	11	~過ぎる	8
~というと/~といえば/~といったら	8	用言中頓法	15
~といった	3	どうしても~ない	4
~どおり(に)/~とおり(に)	5		

附录7 阅读常用接续词(用于1~11课前)

1 表示并列关系

主要有：および、ならびに、また、かつ、あるいは、または、なお、つまり等等。其中有的只是词与词的连接。如：および、ならびに。

①この劇場内では飲食、および喫煙は禁止されている。
　（这个剧场内禁止饮食和吸烟。）
②ここに住所、氏名、ならびに電話番号を記入してください。
　（请在这里填入住址、姓名及电话号码。）
③彼は優れた学者である。また、有名な小説家でもある。
　（他是个优秀的学者。同时又是有名的小说家。）
④東京は日本の政治の中心地であり、かつ経済の中心地でもある。
　（东京是日本的政治中心,也是经济中心。）
⑤京都へ行くにはバス、あるいは新幹線が便利です。
　（要是去京都的话,坐公交车或新干线很方便。）
⑥ボールペンか、または万年筆で記入してください。
　（请用圆珠笔或钢笔填写。）
⑦明日はこの会議室で話し合います。なお、明後日の場所は別に通知します。
　（明天在这个会议室交谈。另外,后天的地点另行通知。）
⑧父の兄は娘が一人あります。つまり、わたしは従姉妹があるのです。
　（父亲的哥哥有个女儿。也就是说,我有个堂姐妹。）

2 表示"虽然……但是……"的让步关系

主要有：しかし、それなのに、だけど、だが、けれども、でも、それでも等。

①今日は天気が非常に悪い。しかし（だけど、だが、けれども、でも）、生活のために外出せざるを得ない。
　（今天天气很不好,但是,为了生计,不得不外出。）
②もう四月だ。それなのにまるで冬のような寒さだ。
　（虽然已经四月了,却冷如寒冬。）
③もう冬になってそうとう寒い。それでも、彼は毎日ジョキングを続けている。
　（已经到了冬天,相当冷。尽管如此,他还是每天坚持进行跑步锻炼。）

3 表示"因为……所以……"的因果关系

主要有：それで、そこで、そのため、それがゆえ、だから、で、ですから、なぜなら（ば）、というのは等。前面的都是前因后果,而なぜなら（ば）、というのは是前果后因。

①今日はとても暑かった。それで（そのため、それがゆえ、だから、で）、パソコンの警報が鳴った。

(今天天气太热。所以,计算机的警报都响了。)
②雨が良く降ります。ですから、何でも黴が生えます。
(总是在下雨。所以什么东西都发霉。)
③分からなくて困った。そこで、先生に尋ねた。
(因为不懂而感到为难。所以请教了老师。)
④最近は風邪を引く人が多い。なぜならば(というのは)、天気が不安定だからだ。
(最近感冒的人很多。这是因为天气不稳定的缘故。)

4　表示假如的条件关系
主要有:そうすれば、そうしたら、そうだったら、そうでしたら、でしたら、だったら、だとしたら、だとすると等,表示在前面条件实现了的情况下,将会出现后面的情况。
①あの人は全国歌謡コンクールで優勝したらしいです。そうでしたら(でしたら、そうだったら、だったら)、北京転勤になるかも知れませんね。
(那个人好像在全国歌唱比赛中得了第一名。如果真的是这样,也许会调到北京呢。)
②今回、山田さんが局長になるそうです。だとしたら(だとすると)、今後の方針は変らないでしょう。
(听说这次山田先生要当局长了。如果是这样,今后的方针大概不会变化呀。)
③は来月帰国します。そうすれば(そうしたら)、子供の進学に有利になると思います。
(我下个月回国。我想这样对孩子的升学有好处。)

5　表示前后的递进关系
主要有:すると、そして、そのうえ、さて等。
①雨がふった。すると山が青くなった。
(下雨了。于是山绿了。)
②山田さんは町へ行った。そして、食べ物を沢山買ってきた。
(山田先生上街了,而且买回来很多食品。)
③大雨が降った。その上、風も強かった。これは畑への影響が酷いであろう。
(下大雨了,再加上风也很大。这对地里的作物影响很大吧。)
④仕事は一段落した。さて、明日は何をしようか。
(工作告一段落了。那么明天干什么呢?)
(1) 表示并列关系
主要有:て、たりたり、し、ながら、つつ、つ、がてら等。
①は寒くて、夏は暑い。
(冬冷夏热。)[~て前面要求连用形。]
②は安いし、栄養もある。
(鸡蛋又便宜,又有营养。)[~し前面要求终止形。]
③テレビを見ながら食事をする。
(一边看电视,一边吃饭。)[~ながら前面要求连用形。前后两件事,后面是主要的。]

④都市の発展を促進しつつ、環境も改善していく。
　　(促进城市发展,同时要改善环境。)[~つつ前面要求连用形。前后两件事,后面是主要的。]
⑤日曜日には小説を読んだり音楽を聞いたりする。
　　(星期日,读读小说,听听音乐。)[~たり前面要求连用形,五段动词要音变浊化;后面动词加する、形容词、形容动词、名词加する或者です。]
⑥世の中は持ちつ持たれつだ。
　　(世上都是互相帮助。)[~つ前面要求连用形。]
⑦散歩がてら、買い物をした。
　　(散步的同时,买了东西。)[~がてら前面是動詞連用形和サ变动词词干。前后两件事,前面是主要的。]
(2)表示"虽然但是"的让步关系
主要有:ても、とて、が、けれども、のに、ものの、ものを、とも、くせに等。
①雨が降っているが(とて、けれど、ものの)、訓練は中止しない。
　　(雨在下着,但是训练没有停止。)[~が、とて、けれど前面要求终止形、ものの前面要求连体形。]
②雨が降っても、訓練は中止しない。
　　(即使下雨,训练也不停止。)[~ても前面要求连用形、五段动词要音变浊化。]
③もう少し早く来たらよかったのに(ものを)、バスはもう出てしまった。
　　(再来早些就好了。公共汽车已经开走了。)[~のに、ものを前面要求连体形。]
④いくらできるとも、油断は大敵だ。
　　(即使很能干,马虎大意是很危险的。)[~とも前面要求终止形。]
⑤知っているくせに、知らない振りをしている。
　　(明明知道,但是装成不知道。)[~くせに前面要求连体形。]
(3)表示"因为……所以……"的因果关系
主要有:から、ので、て、ために等。
①気が悪いから、山へ行くのは止めましょう。
　　(天气不好,我们就不上山了吧。)[~から前面要求终止形。]
②気が悪いので(から)、山へ行くのは止めました。
　　(天气不好,我们没有上山。)[~ので前面要求连体形。]
③へ行くのを止めたのは、天気が悪かったからです。
　　(我们之所以没有上山,是因为天气不好的缘故。)
④邪を引いたために、会社を休みました。
　　(因为感冒了,所以没有上班。)[~ために前面要求连体形。]
⑤事故を起こして、怪我をしました。
　　(因为引起了事故,所以受伤了。)[~て前面要求连用形、五段动词要音变浊化。]
(4)表示假如的条件关系
主要有:ば、と、たら、なら、ものなら等等,表示不同情况下的假定情况。但是,例句中⑥~⑨不是假定,⑥是既定条件;⑦~⑨是由ば构成的惯用形。

188

①北京へ行くなら(ものなら)、秋がいいですよ。
　(如果是去北京,秋天最好。)[~なら前面要求终止形、ものなら前面要求连体形。]
②北京へ行ったら、良い辞書を買ってきてください。
　(如果你去北京,替我买本好词典来。)[~たら前面要求连用形、五段动词要音变浊化。]
③北京に行けば、良い辞書が買えます。
　(如果去北京,就能买到好词典。)[~ば前面要求假定形。]
④雨が降れば(降ったら)、ここに泊まって行ったらいいです。
　(如果下雨,就住到这里好了。)
⑤王さんが来ると(くれば、来たら)、いいのだが。
　(如果小王来了就好呢。)[~と前面要求终止形。]
⑥北京に行ったら、高校の友達に会いました。
　(我去了北京,就见到了高中同学。)
⑦北に行けば行くほど寒くなります。
　(越往北去越冷。)
⑧ここには山もあれば川もあります。
　(这里又有山又有河。)
⑨山だと思ったら、すぐ川が見えた。
　(刚刚看见了山,就马上又看见了河。)
(5)表示前后的递进关系
主要有:て、うえに、うえで、てから等。
①朝起きて、歯を磨き、顔を洗って、新聞を読む。
　(早晨起床,刷牙,洗脸,然后看报纸。)
②御飯を食べた上に、スープも沢山飲んだので、お腹がいっぱいになった。
　(吃饭而且喝了很多汤,肚子饱饱的了。)[~上に前面要求连体形。]
③この事は重大なので十分に考えた上で、返答します。
　(这件事情很重大,让我充分考虑后再回答你吧。)[~上で前面要求过去时连体形。]
④この事は重大なので十分に考えてから、返答します。
　(这件事情很重大,让我充分考虑后再回答你吧。)[~てから前面要求连用形,五段动词要音变浊化。

参考文献

[1] 目黑真实.日语表达方式学习词典[M].北京：外语教学与研究出版社，2005.

[2] 周平,陈小芬.新编日语：第一册[M].上海：上海外语教育出版社,2010.

[3] 周平,陈小芬.新编日语：第二册[M].上海：上海外语教育出版社,2010.

[4] 周平,陈小芬.新编日语：第三册[M].上海：上海外语教育出版社,2010.

[5] 周平,陈小芬.新编日语：第四册[M].上海：上海外语教育出版社,2010.

[6] 刘振泉.日文报刊文章选读[M].北京：北京大学出版社,2004.

[7] 陶晶东.N2文法问题对策[M].北京：外文出版社,2010.